幸運を引き寄せて離さない「循環の法則」と「引力の法則」

島本了愛

PARCO出版

はじめに

はじめまして、a・i こと島本了愛《ノリエ》です。

この本をお手にとってくださって、ありがとうございます。そしてこの本を通してあなたにお会いできたことを、とてもうれしく思います。

私が、「幸せであるためには、具体的にどうしたらよいのか」を伝え始めてから、8年が経とうとしています。

あるときは宇宙的な視点での生き方を説くまじめなトークライブを通して、またあるときは参加者全員が仮装をするお祭り気分の楽しいパーティを通して、さらにお金のワークショップや恋愛のワークショップなどを通して、多くの人の身体的、精神的な重たい波動を解放して、その人が本来もっている「直観（センス）」を取り戻してもらうべく活動をしてきました。

この活動を始める3年ほど前から、私は植物や動物、鉱物とも対話ができるようになりました。天使や精霊、アセンデットマスター（イエス・キリストや仏陀のように崇高な境地に達した霊的指導者）、そしていわゆる霊ともお話ししますし、一緒に仕事をさせていただくこともあります。

多くの人が、目に見えない存在とのコミュニケーションを「普通ではない」と思っているようですが、本来もっている「直観（センス）」を取り戻し、波長さえ合えば、誰でも天使や精霊とコミュニケーションをとることができます。

今の時代、「普通ではない」と思われているこの感性は、もともと人間にはあたりまえに備わっているもので、それはもちろんあなたにもあります。

この人間以外の存在とのコミュニケーションによって、私は人間の立ち位置や役割、いまだ発揮されていない可能性を知ることができました。

そして、この本で最も伝えたい『循環の法則』に気づいたのです。

もしあなたが「これだ！」という手応えを感じる幸せ、確実な結果を伴う幸せを手に入れる方法を求めているなら、この本にはあなたが求めてきたものがあると思います。

私がこの本であなたに提供することは、読んでなんとなくほっこりと幸せな気分になるような、そういうものではありません。もっと具体的で確実な、幸せを手に入れるための実践法です。

私はさんざん空回りしたのち、試行錯誤の末に、「努力したらしただけ結果が出て、かつリバウンドなしで幸せになる方法」を見つけることができました。おかげさまで、それを実行してからというもの、すべての努力に結果がついてくるようになりました。

努力には、２種類あります。「ムダな努力」と「効く努力」です。

「ムダな努力」はがんばっているのに結果が出ない努力で、「効く努力」は結果が出る努力です。もしあなたが日々がんばっているのに、思うような結果を出せていない状態なら、その努力は「ムダな努力」かもしれません。だとしたら、あなたの努力をすべて「効く努力」にシフトチェンジすれば、結果は出るというものです。

あなたはただリラックスして、淡々と「効く努力」を積み重ねていけばいいのです。きっと、結果が出ます。そして、物理的にも、精神的にも確実な幸せを手に入れることができます。

力まずに　ただ淡々とさりげなく　本気で努力　永遠《とわ》の幸せ

ａ・ｉ　島本了愛

幸運を引き寄せて離さない「**循環の法則**」と「**引力の法則**」 目次

第二章

自分がレベルアップするほど、さらに幸せな恋愛・結婚生活がやってくる

第三章　成功者は体験的に『循環の法則』を知っている　151

第四章

ここちよい人間関係は、思いやりでつくられる　171

第五章

お金は、感謝して与え、活かす人に集まる 183

装丁・本文デザイン　野口杏月
カバーイラスト　せきねゆき
編集　吉度日央里（ＯＲＹＺＡ）

幸せになる法則との出会い
～大切なことがわかるまで～

やりたいことだけして生きていく

私は、東京の下町のごくごく平凡なサラリーマン家庭に生まれました。両親は、まじめな正直者。コツコツと努力して生きる人たちでした。

決して裕福とはいえない家計のなかで、父も母もいろいろと工夫して私たち子どもを楽しませてくれました。子ども時代は母の作った洋服で、おやつも手作りでした。大人になって、母に「手作りの洋服やおやつが、うれしかった」と話したら、「洋服もおやつも、売っているものを買えなかったからよ」と言っていましたが、私にとっては大切な思い出です。

そんな両親は、私に常々「やりたいことをやるためには、やりたくないこともやらなくちゃいけないよ」と言っていました。両親が言いたかったのは「やりたいことのなかには、やりたくないことも含まれる」ということだったのだと思いますが、まだ子どもだった私は、「やりたいことをやるために、やりたくないことをするなんてまっぴらだ！」と思いました。

そして10歳のときに、「やりたいことだけして生きていく方法を見つける」と決意しました。

大学に行って借金一千万円

「やりたいことだけして生きる」という挑戦を始めた私の1回目の挫折は、大学受験でした。

海外留学をしたかったのですが、経済的理由から無理だとわかり、それなら留学が必修の大学に行こうと、後先もよく考えずに入学してしまいました。両親には、「学費は出せないから、自分で働いて行ってね」と言われていたのですが、なんとかなるだろうと高をくくって大失敗。

結局学費を稼ぐために毎日終電までアルバイトをし、夏と冬の長い休みはいくつものアルバイトをかけもちしなければなりませんでした。それでも一日

150円の生活費で、遊べない、学食で食べるお金がない、ペットボトル一本も買えない。しかも、アルバイトが忙しすぎて学校に行けないという、本末転倒の大学生活でした。

海外留学をするという「やりたいことをする」ために、やりたくもないアルバイトを年がら年中しなければならず、大学に通えなかったので、留学という目的を果たしてしまったあとは、学校に通う意味も感じなくなってしまいました。結局私は、4年生の前期を迎える前に大学を中退しました。

やりたいことをした結果、残ったのは一千万円近い借金。あれだけがんばって働いたのに、学費と留学費、生活費はまるでたりていませんでした。

夢に向かって再び学ぶ

留学している間は、私にとって天国でした。はじめての「勉強だけしていればいい生活」だったからです。

その留学でつくった金銭的代償は大きかったのですが、留学中に私はやりたいことを見つけていました。日本語教師になる、という夢です。

英語を使うようになって、改めて日本語の素晴らしさ美しさに感動し、この感動を分かち合いたいと思いました。そして、日本にいる外国人に、日本人と友だちになって、楽しい思い出をつくって国に帰ってほしいと思いました。そんなわけで、大学中退後、学費に当てる予定だったお金を使って日本語教師の専門学校に入学しました。

昼は会社で正社員として働き、夜は専門学校に通う日々。疲れて授業中に居眠りすることもしばしばでしたが、念願かなって、合格率2割以下という試験に見事一度でパスしました。

しかし、その後は順調にいくかと思いきや、日本語教師の仕事は少なく、再びアルバイトで生活をつなぎながら1年間就職活動をしました。そして、ようやく見つけた教師の仕事は、たったの1年で終了してしまいました。

夢も希望も、やりたいこともなくなった

大学にも満足に通えず、大きな借金を負い、そのなかで見つけた天職と思えた日本語教師の仕事も、あっけなく終わってしまいました。バブルが弾けて不

況に入り、外国の企業が撤退したり日本語学校が次々と閉鎖したりしたために、その先の就職口がなかったのです。

同じ頃、不幸は不幸を引き寄せるもので、男女関係もうまくいかなくなり、家族関係も最悪に。私はどこにも居場所がなくて、とても不安定な心で生きていました。この八方ふさがりの状況に、途方に暮れるしかなく……。

高校生のときから約10年間、夢のために、夏休みも、友だちとの旅行も返上して、一人きりでアルバイトに明け暮れ、女の子らしいメイクやファッションという楽しみも放棄し、勉強と夢一本で生きてきました。それなのにこんな結果になり、先が見えなくなった私は、もうクタクタでした。

夢も希望もやりたいこともなくなって、「両親が言っていたように、やりたいことだけをして生きていく方法なんてないんだ」とあきらめました。そして、就職しました。

生きる自信を失う

社会に出ると、どの会社にも一生懸命努力している人、輝いている人がいましたが、そういう人たちがまぶしくて、いつも引け目を感じていました。

その頃の私は、まるで抜け殻のよう。やりたいこともなく、情熱も自信も何もありませんでした。

精神的には、ボーイフレンドに依存していましたし、せっかく働いて得たお金も、学費の借金返済に消えていきました。相変わらず生活は苦しく、楽しいこともありませんでした。

以前は、貧しくても夢がありました。夢のために生きていたので、つらいと思いながらも楽しかったのですが、その頃の私にとって、会社は生活のためだけの場でした。

だから、輝いている人に出会うたび、自分がダメな人間に思えて、どんどん自信を失っていき、苦しくてたまりませんでした。そうやって精神的な「悪循環」のスパイラルに陥ってしまい、消えてしまいたいと思うようになりました。

こんな生活から降りたい。そう思いつつ、職を転々としながら2年が過ぎた頃、私はうつ状態になっていました。人と話すこともできなくなり、ある日、突発的に仕事を辞めました。

死を見る

会社を辞めて、まともに食事もとらずにタバコばかり吸って1週間以上が過ぎました。その間、誰かが訪ねてくるでもなく、電話がかかってくるでもなく。ひとりぼっちで寂しくて、自分の存在価値がないように思え、「消えてしまいたい」という思いが募って、私は死ぬことを決めました。

その日のことは、よく覚えています。ぼんやりした頭で、お風呂にお湯をためながら、まるで他人事のように死ぬことを想像していました。

「手首を切ったら、ゆっくり意識が消えていくんだろうな、夏だからすぐに腐乱して、近所の人に『異臭がする』と発見されるんだろうな」

そして、お風呂場のドアを開けたところを想像したとき……。

目の前に、私自身の腐乱死体。

それは、一瞬の映像。

あまりにもリアルな姿を見た私は、衝撃が強過ぎてしばらく呆然としていました。

どれくらい時間が経ったのでしょう。気づいたときには、お風呂のお湯があふれていました。我に返った私は、すぐに蛇口を閉めてお湯を抜きました。そして、ドキドキしながら座っていると、強い感情がわいてきました。


「こんなの嫌だ！」

もう一度！

人生は選択の連続の結果ですから、それぞれが迎えるかもしれない結末は無限にあります。あの腐乱死体は確かに私が迎える「ひとつの結末」であり、その中でも、きっと最も悲しい結末だったでしょう。

「たった数回心が折れたからって、やりたいことができないからって、こんな姿になるために生まれてきたんじゃない、私にはほかの結末もあるはず。ここで絶望して終わりにするなんて、バカすぎる。こんなの嫌だ」

一気に目が覚めました。そしてそのとき、「やりたいことだけして生きていく方法を見つける」という、10歳のときの決意を思い出しました。

つい今しがたまで死ぬことを考えていたのに、それはそれはもう何年も死ぬことばかり考えていたのに、おかしな話なのですが、このとき、何かものすごく吹っ切れたのです。

そして次の瞬間、もう一度「やりたいことをして生きる」と決めました。

「やりたいこと」で生きる

とにかく、また「やりたいこと」を始めようと思いました。そして、そのときいちばん好きだったことが料理だったので、迷わず料理の仕事に就くことに決めました。

私は、子どもの頃から料理が大好きでした。そこで日本料理のお店で見習いとして雇ってもらい、そこから縁がつながってフレンチ、イタリアンと勤めることができました。カフェや新規レストランの立ち上げの仕事も経験しました。

そうやって食に携わるうちに自分自身の健康に意識が向くようになり、同時期にヨーガとマクロビオティックを始めました。まだヨーガもマクロビオティックもブームになるずっと前でしたから、両親からは宗教に入ったのではないかと心配されたこともありましたが。

お金がありませんから、学校に通うことなどできません。そこで本を頼りに独学し、自ら実践することで、体験的に学んでいきました。ヨーガもマクロビオティックも実践して体が変わるうち､心にも大きな変化が生まれてきました。

大地と一緒に料理

私は､自分のことを心の浮き沈みが激しい性格だと思い込んでいたのですが、マクロビオティックによると「砂糖」を食べ過ぎると血糖値が不安定になり、その不安定さが心の不安定さにつながるということでした。「だったら試してみよう」と、数週間の砂糖抜きを試したところ、あれほど激しかった性格が穏やかに落ち着いて、心の状態が安定しました。

「食べもので、体も精神状態もこんなに変わるんだ」と実体験として感じたので、それから「食」について関心が高まり、オーガニック野菜やその作り手、作られている環境、と興味の対象が広がっていきました。

マクロビオティックを実践するうちに、食材自体に興味が移り、「土作りから経験してみたい」「大地と一緒に料理をしてみたい」と思うようになって、さらなる縁がつながって、長野県に行くことになりました。

長野へ行く前に東京の住まいを手放し、すべての荷物は実家の一間の押し入れに入るだけにまとめました。きれいさっぱり、素晴らしく徹底的に処分したことを覚えています。

必要なものだけでいい。身も心も、シンプルにリセットされました。

自然農のオーベルジュへ

私は、長野県安曇野《あずみの》市にある「シャロムヒュッテ」(以下シャロム)というマクロビオティックのオーベルジュ（宿泊施設のあるレストラン）で働き始めることになりました。

最初は、料理というよりも業務全般を任されました。朝食の準備、ベッドメメイキング、掃除などなど、朝6時からめまぐるしく一瞬の休みもなく、午後2時までぶっ通しで仕事をしました。先輩たちに言われるままに、何でもやりました。一から出直すというような気持ちで。

そして、毎朝、毎夜一人でコツコツとヨーガを実践し、どんどん元気になりました。東京時代からヨーガを続けてきましたが、この長野に来て、格段に直観（センス）と気づきがクリアになっていく感覚を得ていました。

そして7か月後、ようやくレストランで料理をすることができるようになりました。

再び「引き寄せの法則」に出会う

話はさかのぼって貧しい大学時代、私の生活をよく知る親友が、私に一冊の本をくれました。「マーフィーの成功法則」の、お金を引き寄せるという内容の本でした。

その本には、「思ったものを引き寄せる」「具体的にイメージすれば、願いはかなう」と書いてありましたから、当時の私は必死になって「お金がある」「私は学費に困っていない」などと一生懸命〝思った〟ものです。

でも、何も変わりませんでした。本には「お金持ちだと思って行動する」とあったので、その気になって7万円もするコートを買って、そのあとの支払いに苦労したこともありました。

そんなさんざんな結果だったので、「引き寄せなんて、効果ない！」と思い、そのことはすっかり忘れていました。そうしたら、シャロムにたくさんの「引き寄せ」関連の本が置いてあり、再び「引き寄せ」のことを思い出したのです。

昔と何が違うの？

自殺しようと思ったあの日からここまで、明らかに何かが変わったことを感じていました。今回は確実に「自分でこの話（長野に行く縁）を引き寄せた」という手応えを感じていました。

「でもどうやって引き寄せたのだろう？　昔と何が違うんだろう？」

「それまでの私がしていた『引き寄せ』のやり方と今回とは、きっと何か根本的に違う」

「それを知るためには、何をしたらいい？」。そう自分にたずねると、直観（センス）から出た答えは「人間以外の存在とコミュニケートする」ということでした。

そこで私は、「やりたいことだけして生きていく方法」を手に入れるべく、今回の長野生活で「人間以外の存在とコミュニケートする」と決めました。

大自然の生命エネルギーを体感する

私が在籍していた当時のシャロムは、自然農やパーマカルチャー、ほったらかし農業（※）を実践していて、生活は大自然そのもの。野生化した雑草のような野菜の生命エネルギーに、圧倒されました。病んだ私の心も体も、そんな大自然の生命エネルギーに癒されていったように感じます。

朝は一見雑草だらけの大地におもむき、野菜を見つけることから始まります。自然のままに育った野菜たちは雑草に埋もれているのですが、ぼんやりしていると野菜のほうから「今日が食べごろ」と教えてくれます。

昨日までそこに何の野菜が植わっているのか気づいていなくても、収穫にいちばんいいときに、その存在に気づくようになりました。大根も抜いていいときはスルッと抜けて、穫る時期にはまだ早いときはまったく抜けません。そういう野菜のタイミングも、わかるようになりました。

※自然農は、農薬も肥料も使わず、耕さない農法。パーマカルチャーは、持続可能な農業を主体とした暮らしや地域生活、環境などへの総合的な提案。ほったらかし農業は、なるべく人の手を入れない、自然の力にまかせる農法。農薬をまいたり肥料を入れたり、耕したり草を抜いたりしないやり方。

ニラが教えてくれた

ある朝、私は雑草がいっぱいはえた畑の中で、ニラを見つけました。そのときまで、そこにあるとも気づいていませんでしたが、その朝は目に入ったのです。

輝くばかりにおいしそうに茂ったニラを収穫しようとして、そのふっくらした葉を手に取りました。「餃子にしようかな〜」と心で思ったそのとき、ニラが「おひたしにして」と言いました！

正直驚きました。まず、あまりにもはっきりと飛び込んできたその言葉に。それから、その調理法のアイディアに。ニラのおひたしを知っている人もいるかもしれませんが、そのときの私にとってニラをおひたしにするというのは想定外で、かなりの驚きだったのです。

そして、ニラの言う通りおひたしにしていただきました。涙が出るほどおいしかった！　こんなに香り高く、甘いニラは初めてでした。感動でした。

そのとき私は、自分の固定概念というものに気づきました。「ニラは餃子」と決めていたのです。でもこのことで、新しい感動の可能性は、固定概念の外にあると気づきました。そして、固定概念の外にある未知なる可能性との出会いは、相手と「対話」すること、受け入れて行動することから始まるのだとわかりました。

人間以外の存在とのコミュニケートが始まる

ニラのおかげで固定概念を破り、新しい可能性に気づいた私は、野菜たちが教えてくれる料理法を手当たり次第試していきました。それは感動の連続で、私は夢中になっていきました。その後、人間以外の存在とのコミュニケートは野菜にとどまらず、森の木々、キノコ、動物、鉱物とも対話をするようになりました。そして自然と、天使や肉体のないマスターたち、精霊、地上に残ってしまった霊たちともコミュニケートできるようになっていったのです。

彼らとのコミュニケーションを通して、人間の立ち位置や役割がわかり、まだ人間が発揮していない可能性を確信しました。それと同時に、人間が多くの存在とともに生き、その存在に支えられていることを知り、とてつもなく大きな感謝の思いで満たされるようになりました。

目に見えない世界の奇跡に気づけば気づくほど、感謝の思いがどこまでも広がり、世界が優しさであふれるような気がしました。

2年が過ぎた頃、気がつけば、私の「人間以外の存在とコミュニケートする」という目標は達成されていました。

『循環の法則』に気づく

ある日、私は水のことを考えながら森を歩いていました。

命は水でできているのに、今までの私たちは平気で水を汚してきてしまいました。そのことがとても悲しくて、生分解する洗剤を使うなど、私なりに水を汚さない活動をシェアし始めてしばらく経った頃でした。

水は形を変えて、この地球上に存在します。あるときは雲（気体）になり、またあるときは雨（液体）となって地上に降り、めぐりめぐって氷（個体）となります。

気体、液体、個体を繰り返して、水は永遠に存在し続けています。地球をめぐり、循環する過程において、人間の作り出した有害物質を含んで汚れたり、逆に汚れたものを浄化したりしながら、永遠に循環し、存在する水……。そんなことをとりとめもなく思いながら、ぼんやりと森を歩いていました。

すると突然、霧が晴れるようにわかりました。

ありとあらゆるすべてが、循環している。

これが、『循環の法則』に気づいた瞬間でした。

「与えたものが返ってくる！」「したことがされる！」

それまでも、「自分が変われば世界は変わる」というような本には何度も出会っていました。思っていることを引き寄せる「引き寄せの法則」もそうです。でも、何をどう変えればいいのか、何を変えたらどうなるのか、そこまで具体的に書いてある本には出会えていませんでした。

そういった本を読むたびに「具体的に何をどうしたらいいの？」と消化不良になっていたのが、『循環の法則』を理解したとき、一気に解消されました。何をどうしたら人生が改善するのか、どうしたら幸せになれるのか、はっきりとわかったのです！

私たちの本体は肉体ではなく、時空を超えてあらゆる人生を循環している魂である。

肉体をもつことで得る「体験」を通して、魂的に成長したり堕落したりを繰り返している。

私たちの「思い」は循環している。よき思いも悪しき思いも、すべて循環して自分に返ってくる。

私たちの「行い」もまた循環している。したことはされる。人からされることは、無意識だろうと悪気がなかろうと、いつかの自分がしたこと。必ずしたことがされる、循環して自分に返ってくる。

されてうれしくないことは、もうしない

「そうか、そうだったのか。あのとき私がされたことは、今生で自分がしていなくても、いつかの私がしたことが返ってきただけだったんだ。なぜこの家庭に生まれたのかがわかった。なぜ私は今まで空回りしていたのかわかった」

「いつかの私がしてきたことが、時空を超えて、私自身に返ってきただけだった。循環していただけだった。私がしなければされない。されてうれしくないことをするのはやめよう！」

私は、瞬時にそう思いました。

今までの人生がうまくいかなかった理由が、わかりました。わかってしまえば、あまりにもシンプルで単純でした。

したことがされる、与えたものが返ってくるのだから、返ってきたらうれしいことをすればいい。逆のことはしない。たったそれだけのことでした。

大学生のときに「引き寄せの法則」を知り、試して失敗。シャロムに来てこの法則に再び出会ってからは「昔と何かが違う」と感じ、その答えを知るべく直感の通りに人間以外の存在とコミュニケートするように。そして得た答えが、『循環の法則』でした。

『循環の法則』こそ、まさしく「理想的な引き寄せを実現するために必要不可欠な法則」だったのです。

「感情解放」を開発する

正直、されたくないことを「やめた」からといって最初からいいことばかりが起きたわけではありません。思いと行動を変えても、最初に返ってくるのはかつての自分の悪しき思いや行動の「悪循環」ばかり。それらの「悪循環」を体験するなかでネックになるのが、自分自身にたまった古い感情です。

いくら頭では「自分がしたことが返ってきているから、しょうがない」と理解していても、嫌なことをされたら傷つくし、怒りもわいてきます。でもそこで感情に飲まれてやり返してしまうと、またいつか返ってくる新しい「悪循環」をつくるだけ。

では、このわいてきた悲しみや怒りの感情はどうしたらいいのだろう？　ここから「感情解放」（Ｐ１０８）というシンプルで画期的なテクニックが編み出されました。怒りや悲しみ、悔しさや恨みなどの負の感情は、がまんせず、頭で理解せず、解放してしまえばよかったのです。

『循環の法則』の実践で、うれしい「引き寄せ」ばかりに

思いやりを与え、思いやりある行動をして、自分がされたくないことは人にしない。返ってきた「悪循環」は受け入れる。負の感情がわいたら「感情解放」する。そうして「悪循環」を返してくれた人にも思いやりを与え、ここから「愛循環」を創る。

「愛循環」とは「悪循環」の逆。思いやりや愛情が返ってくるこの循環のことを、私はそう名づけました。

こうして行動や思いの「悪循環」を受け取りながら（嫌なことを受け取りながら）、思いやりの思いと行動という「愛循環」を与え続ける（嫌なことをされても、思いやりと親切を返す）うちに、次第に「悪循環」がなくなり「愛循環」が返ってくることが増えました。

そして1年もしないうちに、「愛の引き寄せスパイラル」に入りました。

いいことしか思わず、いいことしかしないので、いいことばかりが起きる（返ってくる・『循環の法則』）。

いいことしか起きないから、「幸せだな」とか「ありがたいな」というようなことばかり感じるようになるので、幸せでありがたいことばかりが起きる（引き寄せる・『引力の法則』）。

これは、大変素晴らしい変化でした。

とにかく、私はわかりました。自分で幸せな人生を創る方法が、わかりました。「自分の思いと行動を具体的に改めること」によって、人生が完全に一変しました。

「自分を変える」の本当の意味

おもしろいほどに自分のしたことが返ってくるので、人からされることを冷静に見れば、自分が何をしないようにすればいいのかがわかりました。そうやって、意識的に嫌なことを人にしないように心がけてみたら、自分がされなくなるのが体験できたのです

また、自分はいい人だと思っていても、嫌なことをされるということは、自分がそういうことをしている人間だと認めざるをえないわけです。だから、否が応にも謙虚になれました。

すべては自分がしていることで、「自分のまいた種は自分で刈り取る」のが宇宙のルールだとわかると、世の中や人を見る目が変わってきました。

人をだましたり傷つけたりする人は、いつか必ず同じことをされます。だか

ら、やり返す必要はありません。

「自分を変える」。その本当の意味が、とてもよくわかりました。自分が変われば、自分に起きることが変わる。でも、ほかの誰かに起きることは変えられない。自分の人生を変えるのは、本当に自分しかいないのです。

「悪循環」を根から断ち切る

すべての悲しい出来事、「悪循環」が返ってくるということは、自分がそれをしたことの証であると同時に、今後やめるべき行動は何かを、自分に気づかせてくれるありがたい体験です。これが、宇宙が『循環の法則』と『引力の法則』という2つのルールを通して、私たちに教えてくれていることです。

自分の思いや行動が循環するなら、自分が自分を傷つけ、自分をだまし、自分を嫌い、自分から奪ってきたということです。

そういう世界から出る方法は一つ。「やめる」、です。私は、やめたから終わりました。

生まれ変わった私は、長野での3年間を終え、東京に帰ってきました。

そして『循環の法則』と『引力の法則』を活かした生き方を、トークライブやワークショップなどでシェアし始めて、もう8年が経ちました。

私はもちろん、その頃よりもどんどん幸せになっています。

そしてこの方法を、今ではとても多くの人が実践し、人生を根本から変えて、信じられないくらい幸せになっています。


きっとあなたもそうなります。あなたが幸せにならない理由がありません。

序章

「循環の法則」と「引力の法則」は宇宙の基本ルール

「思えば引き寄せる」の誤解

頭で思っても引き寄せられない

今や誰もが知っている「引き寄せの法則」は、「思っていることを引き寄せる」と紹介されています。これを読んで、「こうなりたい」とか「これが欲しい」と「思えば」、それが引き寄せられてくるのだと理解した人は多いと思いますが、あなたの「引き寄せ」は、「思った」だけで成功しましたか?

実は、この「引き寄せの法則」でいわれている「思う」には、誤解がありました。

私たちは頭で思考していることも「思う」といいますし、心で感じていることも「思う」といいます。けれど、実際に「引き寄せ」る引力をもつのは、心で感じている思いなのです。頭で考えて思う思考には、引力がありません。

心から本当にそうだと「感じている」ことを引き寄せる

前述のように、かつて私が一日150円生活の苦学生であったとき、「私はお金をもっている」といくら「頭で思っても」、お金を引き寄せることはできませんでした。それは、「心から本当にお金がある」と感じることなく、頭でお金があると思い込もうとしていたからです。

もしかしたら、今まであなたも、「頭で思って」引き寄せようとしていたのではないでしょうか。その「思い違い」が、これまであなたがうまくいかなかった理由です。

でも、まったくお金がないときに、「私はお金持ちだ」と心から本当にそうだと感じることなど、無理だと思いませんか？　お金がなくて苦しいから、お金が欲しいと思うわけですから、「苦しい」というのが心から本当にそうだと「感じていること」です。だから残念ながら引き寄せられるのは「お金がある」現実ではなく、「苦しい」現実になってしまいます。

『引力の法則』というのは、「心から本当にそうだと感じていることを引き寄せる」という宇宙のルールですから、あのとき苦しい思いでいっぱいだった私に、さらに苦しいことが引き寄せられてきたのは当然のことでした。

本心を変えられないから苦しんでいる

では、心から幸せだと感じたくても、今とても苦しい状態の人はどうしたらいいのでしょう？　悲しい人は、つらい人はどうしたらいいのでしょう？　残酷なことですが、「心から本当にそうだと感じていること」がどんどん引き寄せられるのが『引力の法則』ですから、そういう人は、苦しくて悲しくてつらいことが引き寄せられ続ける「負の引き寄せスパイラル」に陥っていきます。

「引き寄せの法則」については、次々と本が出ましたが、どれも「心から思えば引き寄せる」「悪いことは思わないようにする」という思い込み方式から成長しておらず、「負の引き寄せスパイラル」に陥っている人たちにとって画期的な改善策にはなりえない気がしています。

引き寄せだけで幸せになろうとするのは、無理があります。頭で考えても引き寄せられませんから、本心で心から幸せだとは思えない状況にいる人たちは、いつまで経っても「負の引き寄せスパイラル」から出られません。本心を変えられないから、苦しんでいるのです。

つまり「心から本当にそうだと思う」その思いさえ変えられたら、「負の引き寄せスパイラル」から出ることが可能です。ではどうしたら、「心から本当にそうだと思う」その思いそのものを、変えることができるのでしょうか?

その秘密が、『循環の法則』にあるのです。

第一章

二つの法則を活かせば、あなたは必ず幸せになる！

『循環の法則』によって「したことは返ってくる」

魂は循環している

あなたという個性あふれる魂は、何度も何度も肉体をもったり失ったりしながら、グルグルと循環しています。いわゆる転生です。

この転生を、単純に過去生、前生と勘違いしないでください。実は時間とは直線ではなく、すべての異なる次元、時代が「重なって」、今ココに同時に存在しているものだからです。

そうすると、過去や前生という直線的な時間は存在しないことになります。ただ、イメージしづらいかもしれませんので、以降は便宜的に「前生」という表現で話を進めたいと思います。

でも、「時間は直線ではなく重なっている」ということを、頭の片隅に覚えておいてください。これからあなたがあなた自身の「循環」の世界を体験するとき、直線的ではない時間を知ることになるでしょうから。

肉体が替わっても、魂が抱える課題は変わらない

私たちは、これまでも、違う時代に、違う性別、違う容貌、違う仕事、違う生活環境に転生して、その人生を生きていましたし、これからもまた違う形で違う時代に転生して生きるでしょう。宇宙がこのように存在する限り、それはずっと続きます。

ただ、時代や性別、生活環境などがいくら替わっても、抱えている課題、悩みは今生のあなたと同じだということを知ってください。たとえばあなたが今生で家族関係の課題を抱えているとしたら、前生のあなたも同様に家族関係の課題を抱えています。

魂は、肉体を替えても変わりません。だから抱えている課題も変わりません。この課題というのは、あなたを悩ませる「悪循環」のことです。

「やめる」まで同じことを繰り返す

「したことが返ってくる」。これが、宇宙の基本ルール『循環の法則』です。

ですから、「悪循環」は原因となっている行動をやめない限り、やってやられて、やられてやって、を繰り返して終わりません。つまり魂は肉体を替えて転生しても、「やめる」まで、同じ「悪循環」を繰り返して生まれ続けるというわけです。

あなたが前生で与えた思い、してきた行いが、今回の人生で返ってきます。今生で心あたりがないことが返ってくるような場合、たとえば何もしていないような子ども時代の出来事などのほとんどは、あなたが前生で誰かに与えた思いと行いが循環して返ってきただけなのです。

あなたを傷つけた人も、あなたから何かを奪った人も、あなたをだました人も、あなたがしたことを返す役をしただけです。その相手もまた、いつかしたことが返ってきて傷つけられ、奪われ、だまされるでしょう。

逆にいえば、あなたを幸せにしてくれた人も、親切にしてくれた人も、あな

やってやられて、やられてやっての「悪循環」

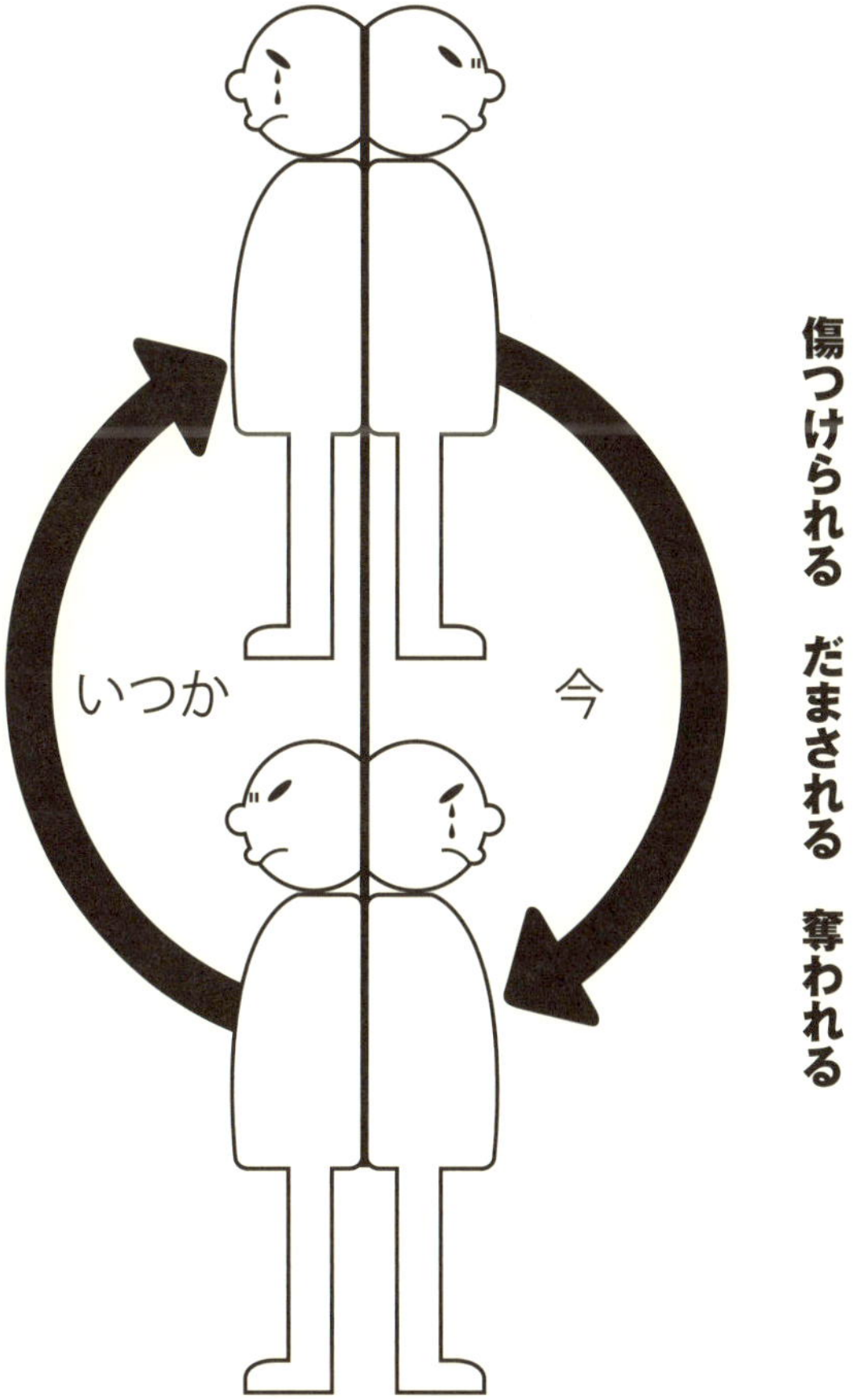

したことが返ってくる……。

たがしてきた親切をあなたに返す役をしただけです。

したことが、返ってくる

前述のように前生でしたことが返ってくることもありますし、今生でしたことが、今生のうちに返ってくることもあります。

「天につばを吐けば、自分に返ってくる」や「自分でまいた種は、自分で刈り取ることになる」など、この『循環の法則』を端的に表している格言が数多くあることから、昔の人は『循環の法則』という宇宙のルールを知っていて、暮らしのなかで活用していたことがわかります。

たとえば、あなたは前生において、貧困などのどうにもならない理由で子どもを手放すという行いをしたとします。すると今生のあなたは、親にとってどうにもならない理由によって、親から手放されるという体験を経験することになります。

もちろん、今生でしたことも今生のうちに返ってきます。返ってきているのにやめないで、し続けたら、それを次の生に持ち越すことになるのです。

私たちは、前生で持ち越した分を、今生で受け取っているということです。

次の生で、これまでしたことがされる世界に生まれる

この地球上には、食べものに困らない世界があり、困る世界があります。穏やかに平和に暮らす世界がある一方で、奪う、奪われる関係に疲弊する世界があり、また虐待や性差別に苦しむ世界があります。

この地球という同じ星に違う世界が存在し、生まれや育ちに違いがあるのはどうしてなのでしょうか?

このことを、『循環の法則』にあてはめて考えてみてください。

「したことが返ってくる」のです。この星に存在する、一見不平等とも思える悲しい現実は、実は不平等ではありません。ただ『循環の法則』によって、したことがされる世界に、誰もが生まれるというだけなのです。

奪えば奪われる世界に生まれますし、殺せば殺される世界に生まれます。与

えれば与えられる世界に生まれ、愛すれば愛される世界に生まれることができます。

不平等ではなく、「したことがされる」という平等な宇宙のルールが、その魂の思いと行い通りに返ってきているだけ。それが、この星の現実です。

やってやられて、やられてやって

あなたが前生でしたことも、今生のあなたに返ってくる。今生でしたことは今生で返ってくる。やったらやられる、やられてやりかえす。生が変わると、被害者と加害者の役割が入れ替わります。今生の加害者は次の生で被害者、今生の被害者は次の生で加害者です。こうして、何生も役割を入れ替えて繰り返しやり続けます。

「やってやられて、やられてやって」、これを延々と繰り返しているのが、仏教用語でいうところの「カルマ」に相当すると私は考えます。

「したことがされた」ときが一周ですから、された時点で自分がやめれば循環が一つ終わります。ところが、えてして被害者のときに「やめる」ということができないのが人間です。つい感情的になり、やられたことをやり返して、新しい「悪循環」をつくってしまう。やめられないから、終わらない。だから何生生きても、同じことを繰り返す。こうして、何世も被害者となり加害者となり生きるうち、そのパターンから抜け出せなくなります。そして、「人生とはこういうものだ」と心から本当にそうだと思うようになります。

すると『引力の法則』で、心から本当にそうだと思うことを引き寄せ、「負の引き寄せスパイラル」が始まります。そしてどんどん同じような生が重なって、あなたの魂の「直観（センス）」を鈍らせてゆくのです。

その結果、「はじめに」で述べたような、さまざまな感性が発揮されなくなってしまいます。

「愛循環」に切り替える

「したことが返ってくる」は、何も悪いことばかりではありません。逆に、あなたが受け取るどんな優しさも親切も、かってあなたがしたことなのです。自分では忘れているのですが、あなたはいつかどこかで誰かに優しさを与えていて、それが返ってきたということです。

あなたが与えた思い、してきたことは、それがどんなものであっても、今生で、次の生で必ず返ってきます。

思いやりや親切や愛情を与えること、その行いを、私は「愛循環」と名づけました。お金も地位も名誉も、形あるものは何一つ次の生にもっていけませんが「循環」はもっていけるのです。

「悪循環」をもっていくか、「愛循環」をもっていくか、それは今ココに肉体をもつあなたの思いと行いにかかっています。

今までの人生がどうであっても、今すぐに「愛循環」に切り替えることは可能です。だからぜひ、速やかに切り替えをしてください。

前述したように、何度生まれ変わっても、結局自分が与えたものを受け取るだけですから、「生まれや育ちは平等だ」といえます。それは、してきたことが今生のうちに返ってこなくとも、次の生できっちりと返ってくるということの表れです。

今生で受け取りきれずに持ち越すような「愛循環」のことを、私は「神様貯金」と呼んでいます。「愛循環」を創ることで「神様貯金」が増えれば、次の生で生まれや育ち、人徳という形で受け取るのです。

「愛循環」の創り方

「愛循環」の創り方は、とっても簡単です。親切や優しさが返ってきてほしいと思うなら、今から親切や優しい思いをあらゆる物事に与えて行動すればいいのです。そうすれば、思いやりのある行動や親切だけを「してされて、されてして」の「愛循環」ができます。

いやみを言ったりいじわるしたり、嘘をついたりだましたり、盗んだり奪ったりすれば、それはいつか自分にきっちり返ってきますから、やらないことです。正直で、素直に感謝したり、親切にしたり、誰かの役に立ったり、人を助けたり、優しくしたりしたほうが、喜ばれますし、「愛循環」が創造され、まわりまわって自分のためになります。まさに、「情けは人の為ならず」です。

だから誰が見ていようといなかろうと、いいこと、正直なことをしたほうがいいのです。それは必ず、あなたに返ってくるからです。誰も見ていないと思って人のものを盗んだら、あなたのものも盗まれます。

これは、神様に裁かれるとかそういうことではなくて、「したことが返ってくるから、やめたほうがいいよ」、と、ただ単にそういうことです。

環境やモノにしたことも、あなたに返ってくる

思いやりや愛情をかけてほしいのは、人に対してだけではありません。この世界に存在するありとあらゆる生き物、自然、モノ、すべてに与えた思い、したことがあなたに返ってきます。

環境を大切にすることも、モノを大切にすることも、まわりまわればあなたを大切にすることになります。環境を汚染したり、ほかの生き物の住む場所を奪えば、それも返ってきます。

してされて、されてしての「愛循環」

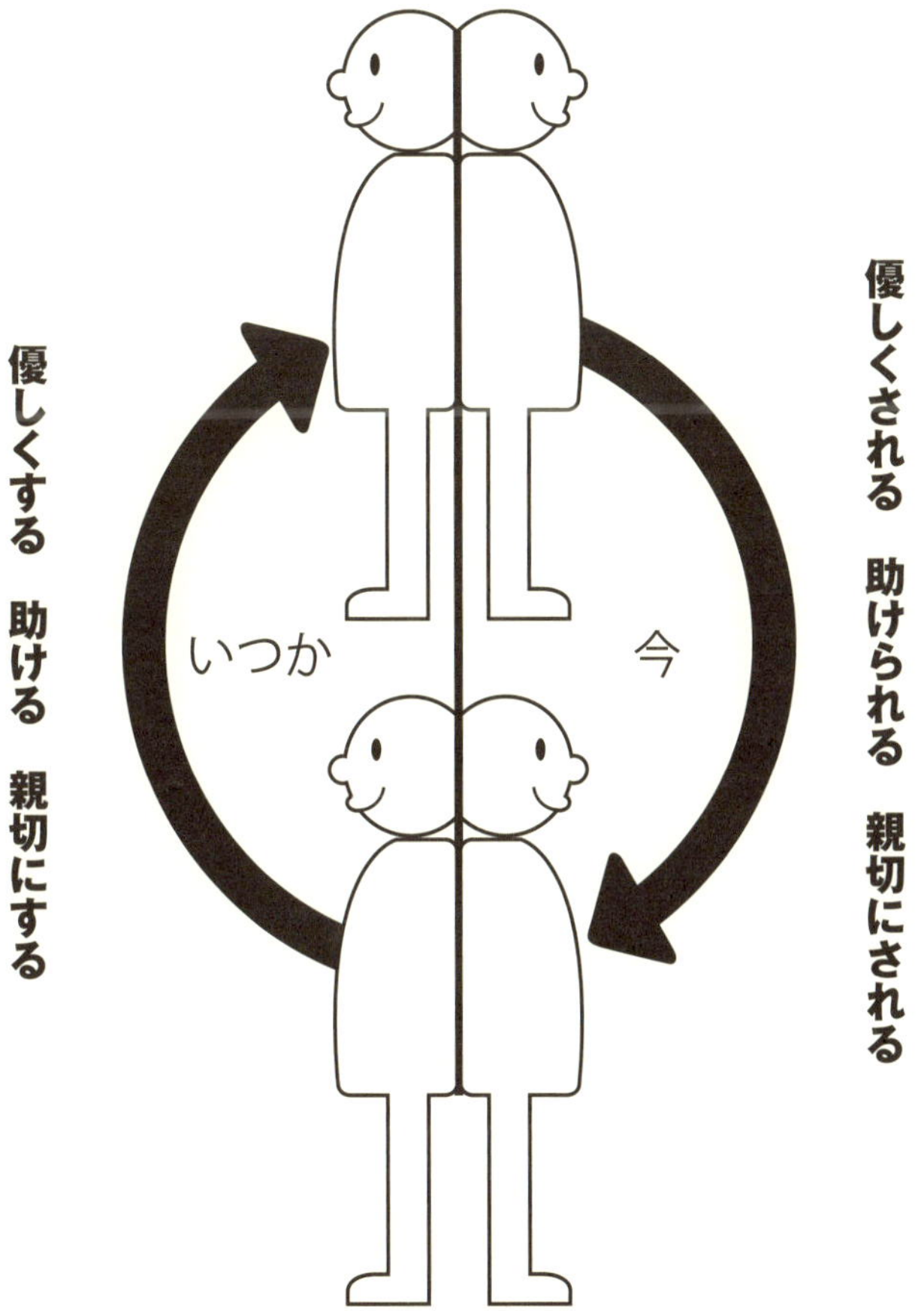

したことが返ってくる。
ケド　こっちはいいね！

今人間は、自分たちで造った文明のあり方の結果を受け取っています。水が汚れ、空気が汚れ、まわりまわって自分自身の肉体が汚染されています。地球は赤く乾いて、食べ物や水がなくなり、住む場所が消えていっています。

私が、『循環の法則』を「水」が循環することから気づいたように、人間の行いと環境の関係を見てみると「循環」の意味がよくわかります。

『循環の法則』とは、概念ではなく事実です。スピリチュアルな「幸せになる考え方」などではなく、事実なのです。

報復はいらない

誰かが誰かをだましていたり、嘘をついたり、傷つけたり、利用したりしているのを見つけても、あなたが怒る必要はありません。一見するとその人は他人を利用して利益を得ているように見えるかもしれませんが、『循環の法則』で見ると、まわりまわって自分を利用していることがわかります。その人は、次の生では利用される側になるのです。

ですから他人を利用している人を責めたり、怒るのではなく、その人がいつか目覚めて、その人自身を傷つけることをやめるように、『循環の法則』を伝えてあげればいいのです。もし相手が聞く耳をもたないようなら、心の中で「いつか気づいてやめますように」と祈ってあげてください（だまって、この本を渡すのもいいかもしれません）。

今他人を利用しているのであれば、きっと利用された悲しい生があるのでしょう。だから利用してしまうのです。でもそれは、次回利用されることを決定しているだけです。

「あなたが今しているすべてが、いつか自分に返ってくる。すべては他人にすることではなく、あなたがあなたにしていることだ」という『循環の法則』を、可能ならその人に教えてあげましょう。

「被害者」であるときは、実は最も自分を改めることができるときです。苦しいとき、そしてその苦しさを自分に与えたのは自分だったと知ったとき、人は自分の思いや行動を改めることができます。

あなたを苦しめる加害者は、次の被害者です。だからあなたは、あなたを改めるだけでいいのです。「赦《ゆる》し」といいますが、あなたは、あなた自身を「赦す」のです。

相手は、次に苦しむでしょう、今のあなたと同じように。

あなたが彼らを罰する必要などありません。報復はいらないのです。あなたが新たな「悪循環」をつくらないためにも、あとは『循環の法則』にまかせましょう。

「愛循環」の世界こそパラダイス

私たちは、「循環」でつながっています。同じことをしている魂同士が、同じ「循環」の世界の中で、「やってやられて、やられてやって」、役割を入れ替えてやり合っているに過ぎません。

あなたは、いつまで「そこ」にいますか？

親切や思いやりだけを、「してされて、されてして」の世界も存在します。

私はこの状態を、「愛循環の世界」と呼んでいます。

「愛循環の世界」はパラダイスです。あなたにも、「愛循環の世界」に来てほしいと思います。

悲しいことが起きても、思いやり、親切、愛を

私もそうでしたが、人に優しくしたり親切にしたりして「愛循環」を創り始めても、すぐに親切や思いやりが返ってくるとは限りません。ほとんどの場合、それまでの「悪循環」が返ってきて、かえって嫌なことがどんどんやってくるように感じます。

いいことをしているからこそ、悲しいことが返ってくると落ち込みます。「こんなことしていてもムダなんじゃないか」とあきらめそうになります。

でも、ここががんばりどきなのです。どんなに悲しいことが起きてもあきらめたり、相手の怒りやいじわるな感情などに同調したりしないで、思いやりや親切、愛を行動に移し続けてください。それは、必ずあなたに返ってきますから。

このときが、「悪循環」を受け取りながら「愛循環」を創造するときです。

もしかしたら自分を傷つけたその相手を、助けなければならないときもあるかもしれません。そのとき、あなたにそれができるかどうかですが、憎しみや恨み、怒りの感情を解放すれば、敵を助けることすらできるのです（感情の解放の仕方はＰ１１０〜１１９）。

敵と見えるその相手は、あなた自身だからです。

嫌なことをする相手には、同調しない

かつて私にもこんなことがありました。ある会社で何十人もの女子社員から組織的に仲間はずれにされました。「過去にしたことが、返ってきたんだ」とわかっていても、嘘を吹聴されたり、誰も相手にしてくれなかったりすることが続いたのは、本当に苦しい時間でした。

それでも私は、その人たちと同じ土俵に乗らないようにして、一生懸命仕事をし、正直に、思いやりをもって5か月を過ごしました。すると、まわりから自然と誤解が解け出していったのです。私についての噂がすべて嘘だったこと

がわかり、その噂を流していた人は左遷され、最終的に私は人気者になってその会社を辞めることになりました。

このとき私は、「したこと」をすっかり受け取りました。人を悪者にする、嘘を吹聴するという「悪循環」がなくなったのです。

「悪循環」にいながらも相手に同調することなく、淡々と重ねてきた親切や優しさ、正直さ、真剣さの「愛循環」を創り続けていたので、「悪循環」を一つ終わらせることができただけでなく、最後にはその「愛循環」が返ってきて、本当に幸せな気持ちで退社しました。

くじけそうになったとしても、相手のモードに巻き込まれて「悪循環」の自分に戻ってはいけません。相手と一緒になって嘘をついたり、傷つけるようなことを言ったりして、「悪循環」を増やさないようにしてください。

されて嫌なことは、今後一切やめる

あなたは、人から「されること」を変えられません。すでに「したこと」が、あなたに返ってくるだけだからです。もちろん、嫌なことをされれば傷つくのは当然です、怒ったり泣いたり、落ち込んだり苦しんだりするのも当然です。私もそうでした。でも、これはもう自分のせいだから仕方ありません。

いつかの自分がどんなに無知で自分勝手だったか、どれだけ嘘つきで、人をだましてきたか、どれだけのものを人から盗んできたか、どんなに意地悪だったか……。自分がされてみて、はじめて体験としてわかります。

そしてそれが苦しいのなら、もう二度としないようにしてください。自分がされて嫌なことは、今後一切やめてください。

「愛循環」も必ず返ってくる

「悪循環」は、「自分で自分を傷つけないように」と教えるために必要な体験なのだと心得て、次に活かしていきましょう。

実際、そうするより仕方ありません。これまでしてきたことをなかったことにもできないし、それによってあなたがされることは避けられません。

そのまま返ってくる「悪循環」と「愛循環」

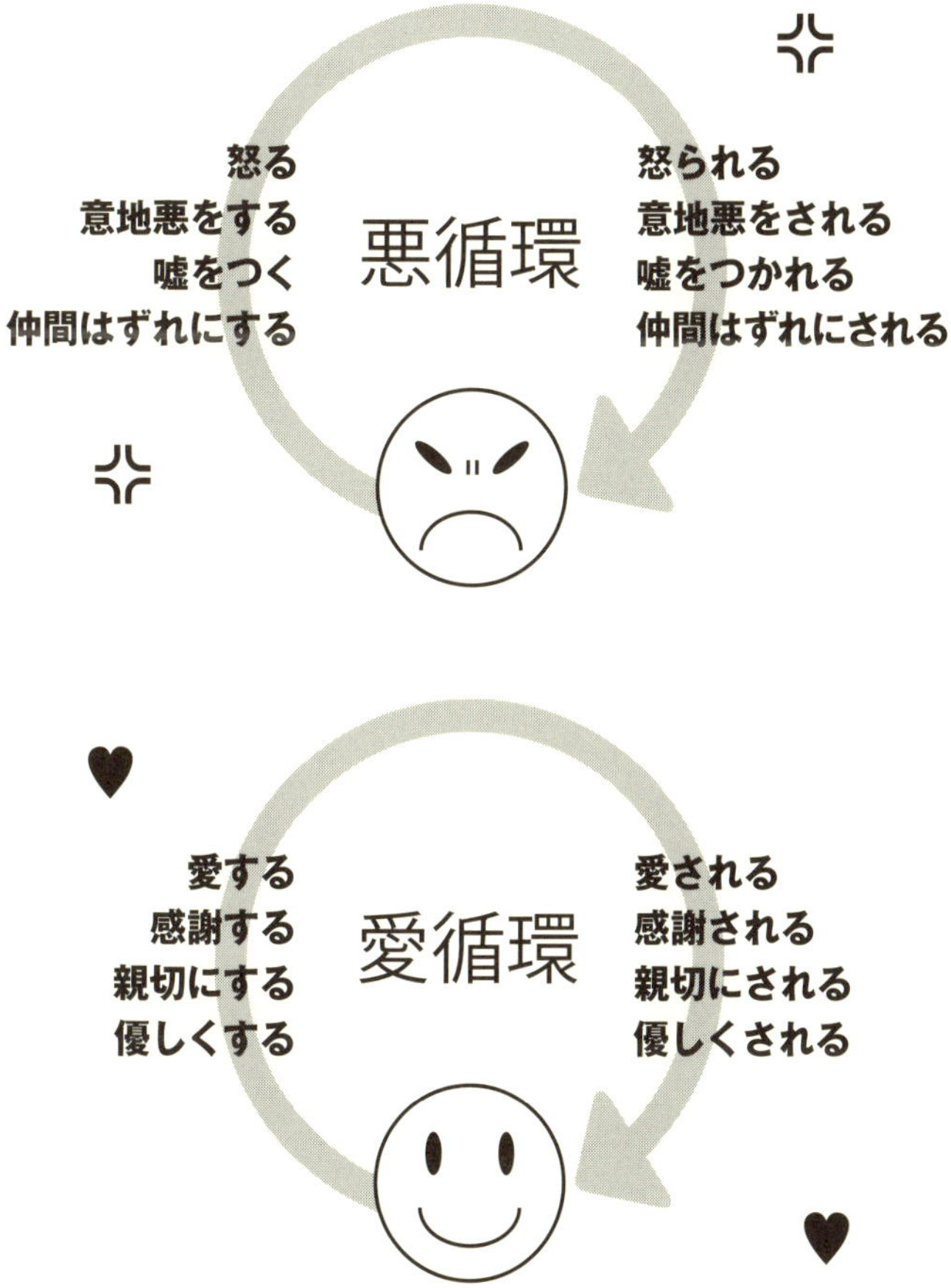

あなたがこの宇宙に存在する限り、この宇宙がこのようにある限りは、『循環の法則』に従って、あなたが創造している「悪循環」も「愛循環」も、いつでもそのままあなたに返ってきます。

でも、あなたから優しさや親切、愛情、感謝を行動で示して伝えていたら、だんだんまわりからも優しくされ、親切にされ、愛され、感謝されるようになっていきます。あなたが与えた親切や優しい思いが、それをしたときには評価されず、相手に伝わらなくても、めぐりめぐってあなたに返ってきます。

「愛循環」は必ず返ってきますから、どうかくじけないでください。絶対に大丈夫です。苦しいのはほんの少しの間です。優しさと思いやりの貯金が増え、「悪循環」の清算が終わるまでですから。

ありとあらゆる存在に思いやりを

誰に認められなくても、いつでもどこでも嘘をつかず、正直に生き、優しく、思いやりをもって、すべての人やモノに接してください。明るく朗らかに、誰にでも親切にして、あらゆる人を助けてあげてください。

困っている人がいたら、親切にしましょう。元気のない人がいたら、励ましてあげましょう。がんばっている人がいたら、応援しましょう。そうすれば、あなたにも必ず返ってきます。

そして、動物や植物にも、思いやりをもって接しましょう。身のまわりにあるモノ、たとえばテーブルや椅子、お鍋やフライパン、床に落ちた紙くず一つにも、あなたがどう接するかで、あなたに返ってくるものは変わります。前述したように、『循環の法則』は、人間同士だけにあてはまるものではないからです。

あなたがモノに対してしたことが、いつか人からされることとなって、あなたに返ってくることもあるのです。動植物やモノに、住んでいる家や土地に、地域に、大地や海、空に、地球全体に対してしていることは、すべて返ってきます。

大事にする人、しない人を分けない

モノを大切にしても、あなたが大切にされます。あなたを大切にしても、あなたが大切にされます。誰かを大切にしても、あなたが大切にされます。誰かのモノや誰かの思いを大切にしても、あなたのモノやあなたの思いが大切にされます。

こうやって、人やモノに対するあなたのすべての行動や思いは、全部あなたに返ってきます。

このとき、大事にする人、しない人、大事にするモノ、しないモノと分けていると、あなたも分けられるということを知っておいてください。

確かに、今のあなたには、大事にしたくなる人とそうでない人がいるかもしれません。大事にしたいモノとあまりそうしたくないモノも、あるかもしれません。でも、あなたが「大事にしたくない人」のくくりにされたら、どう感じますか？

あなたが人やモノを分類して、大事にしたりしなかったりしていると、あなたは誰かによって「大事にしたくない人」のほうに分類されてしまうでしょう。だから、すべての人やモノ、地球全体を大事にし、思いやりをもって接し、誰のことも、何もかも大切にする「愛循環」を創造してほしいと思います。

優しさが返ってきて、感謝にあふれる

お金も地位も名誉もいつかはなくなってしまうものだけれど、「愛循環」はいつまでもなくならずに、自分に返ってきます。

思いやりと愛情の思いと行いの「愛循環」が自分に返ってくるときは、まるで神様がくれた幸せであるかのようにも感じることがありますが、そうではなく、あなたがあなたに与えたのです。

「悪循環」が少なくなってくると、あまりにも美しく、親切や優しさばかりが返ってくるようになるので、神様に感謝したい気持ちにもなるでしょう。親切をくれた相手にも感謝したくなるはずです。

でもこれは単に、あなたが創造している「悪循環」よりも愛情、思いやり、親切、優しさを与えた「愛循環」のほうが多くなっただけなのです。だから、あなたの努力や優しさに自信をもちましょう。

あなたが、「愛循環」を創るのです。「愛循環」を創るのも「悪循環」をつくるのも、あなた次第です。

この宇宙の基本中の基本、『循環の法則』を使えば、あなたは間違いなく幸せになれるということ、そして、これからあなたが何をすればいいのか、何をやめればいいのかを、ご理解いただけましたでしょうか。

まさに「悪循環」をやめて「愛循環」を創ることこそ、幸せのための「効く努力」です。

宇宙の基本ルールはシンプルです。この素晴らしい宇宙のルール、『循環の法則』を、ぜひ活用してください。そして、「愛循環」を今からたくさん創造してください。

あなたを確実に幸せにする『循環の法則』のまとめ

★人にもモノにも、すべてに対して与える
あなたの思いと行いは、そのままあなたに返ってくる。

★生まれ変わっても、返ってくる。

★だから、自分に返ってきてほしくない「悪循環」はやめる。

★人にもモノにも地球にも、優しい思いや行動をすれば
「愛循環」としてあなたに返ってくる。

★「悪循環」をやめて「愛循環」を創ろう。

『引力の法則』が引き寄せるすべては、あなたと同レベル

心から本当にそうだと感じることを引き寄せる

あなたが優しい思いと行動を与えていると、いずれ『循環の法則』によって、あなたがそうしたように優しくされたり、親切にされたり、助けてもらったり、何かをいただいたりするようになってきます。それは、いつでもどこでも、知っている人から知らない人まで、本当にどこからでも優しい思いと行動が返ってくるようになります。まわりに親切な人しかいなくて、優しくされるばかりなので、まるで天国かと思うくらいです。

想像してみてください。見ず知らずの人にも優しくされて、親切にされて、助けてもらって、何かをいただいたりしたら、そのときあなたはどう思いますか？「幸せだなぁ」「うれしいなぁ」「ありがたいなぁ」「恵まれているなぁ」

心から"感じる"ことを引き寄せる「引力の法則」

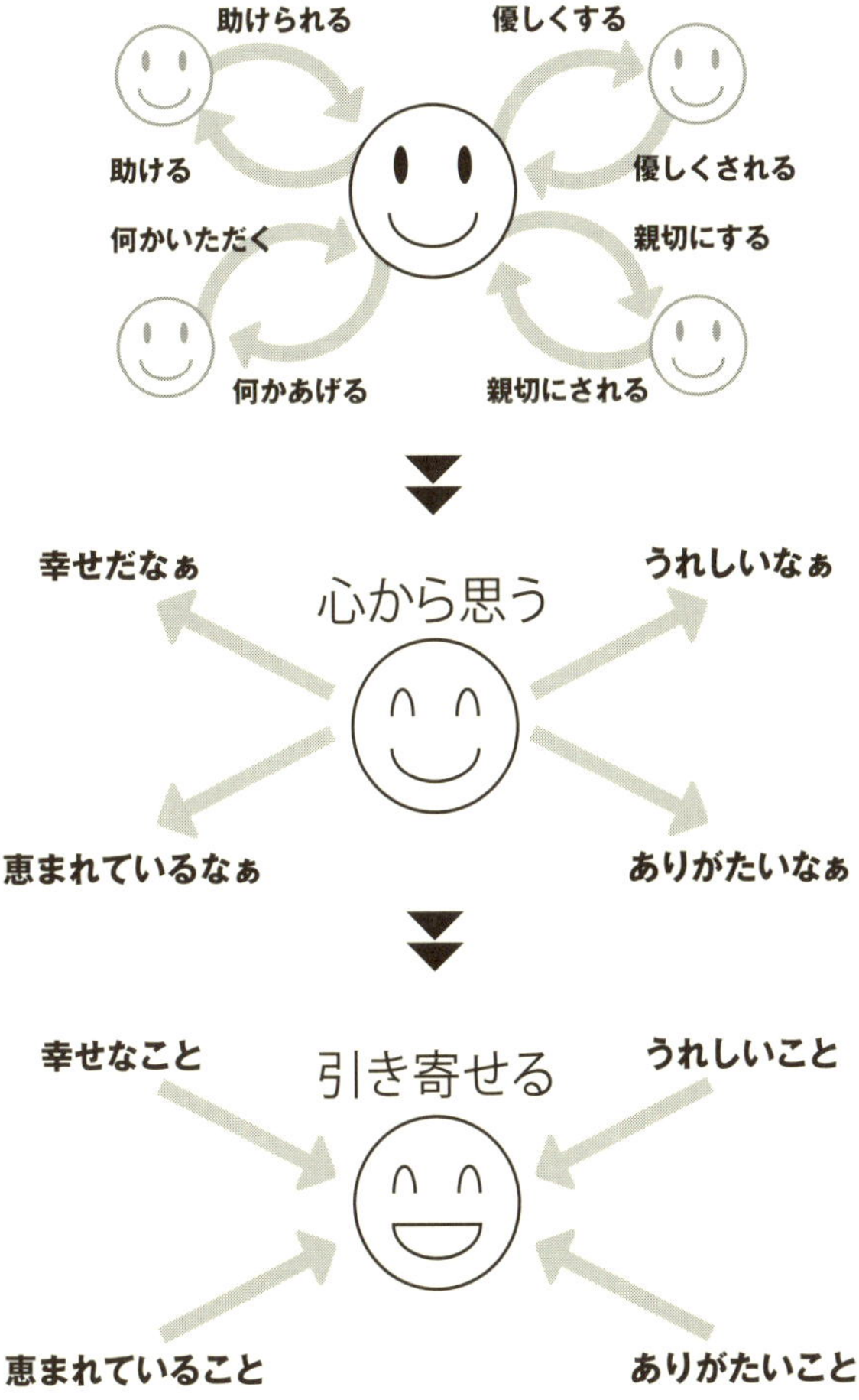

と感じませんか？

ここでやっとあなたは、心から幸せを感じ、心からうれしいと思い、心からありがたいと思い、心から恵まれていると感じることができるのです。

あなたがこの心持ちになってはじめて、幸せなこと、うれしいこと、ありがたいこと、恵まれていることが引き寄せられてきます。これが、序章で触れた「心から本当にそうだと感じること」を引き寄せる『引力の法則』です。

「愛循環」で、感じることが変わってはじめて引き寄せる『循環の法則』を活用し、「悪循環」をやめて「愛循環」を創造する。

↓

返ってくることが変わる。

↓

親切にされ、愛されて幸せを感じる。

↓

感じたことを引き寄せる。

だから、最初に「愛循環」を創り、それが返ってきて、心で感じることが変わってはじめて、「引き寄せ」が理想的に働くようになるといえます。

頭で「私は豊かだ」と思っても、それは頭で考えることであって、心から本当にそうだと「感じていること」ではありません。思い込みは思い込みであって、それをしても、心から感じる幸せにはならないのです。

「思い込み」では引き寄せられない

私が一日150円生活の苦学生であったとき、いくら頭で「私はお金持ち」だと思っても、心では「毎日苦しい」と感じていたので、さらなる苦しさを引き寄せ続けていたと書きましたが、このことがわかっていただけたかと思います。

思考は、引き寄せるエネルギーにはなりません。それは「思い込み」です。

引き寄せるエネルギーをもっているのは、心から本当にそうだと感じる思い、つまり感情です。

「思っていることを引き寄せる」は、誤解されているのです。頭で思い込ませても、引き寄せることはできません。

「私はツイてる！」とか、「私は恵まれている！」とか、「私はラッキー！」と思えばそうなる、という理屈は、頭で「思い込んでいるのではなく」、心から本当にそうだと「感じている」ならば理にかなっていますが、単なる思い込みなら、きっとうまくいかないでしょう。

心で「感じていること」＝「感情」こそ、願いをかなえるエネルギーとなる魔法なのです。

幸せな人は、さらなる幸せを引き寄せる

『引力の法則』は「幸せな人にはさらなる幸せを、苦しい人にはさらなる苦しさを引き寄せてしまう」ものです。幸せだと感じていると、どんどん引き寄

せる「愛の引き寄せスパイラル」が始まり、不幸せだと感じていると、どんどん不運を引き寄せる「負の引き寄せスパイラル」が始まるということです。

『引力の法則』は、そもそも幸せだという前提ありきで、さらに幸せを引き寄せるためには効果的な法則なのです。「本気で思えば引き寄せられるよ」と教えてくれる人たちは、そもそもそれなりに恵まれていて幸せなのでしょう。だからその人は、本当に「思うだけで引き寄せられる」と言えるのです。

でも、今幸せだと感じていない人、悲しい人、苦しい人、モテない人、お金のない人が、「思うだけで引き寄せる」といっても無理な話です。幸せ感をもっていない人が「愛の引き寄せスパイラル」を手に入れるためには、順番からいって、まず『循環の法則』の実践から始める必要があります。

私はこの『循環の法則』に気づき、「愛循環」を創造するようになって、与えてきた親切や思いやりが返ってくるようになりました。そのために、心からの幸せを感じることができたからこそ、『引力の法則』がどんどん幸せを引き寄せてくることを実感しました。

あなたと同じレベルのヒト、モノ、コト（出来事）を引き寄せる

『引力の法則』は、諸刃の剣です。あなたが心から本当にそうだと感じることを引き寄せるわけですから、あなたの心と同じレベルの「ヒト、モノ、コト（出来事）」がどんどん引き寄せられてやってきます。あなたがどんなことを心から本当にそうだと感じているかによって、やってくるものが決まるのです。

心と同じレベルのヒト、モノ、コトがやってくる

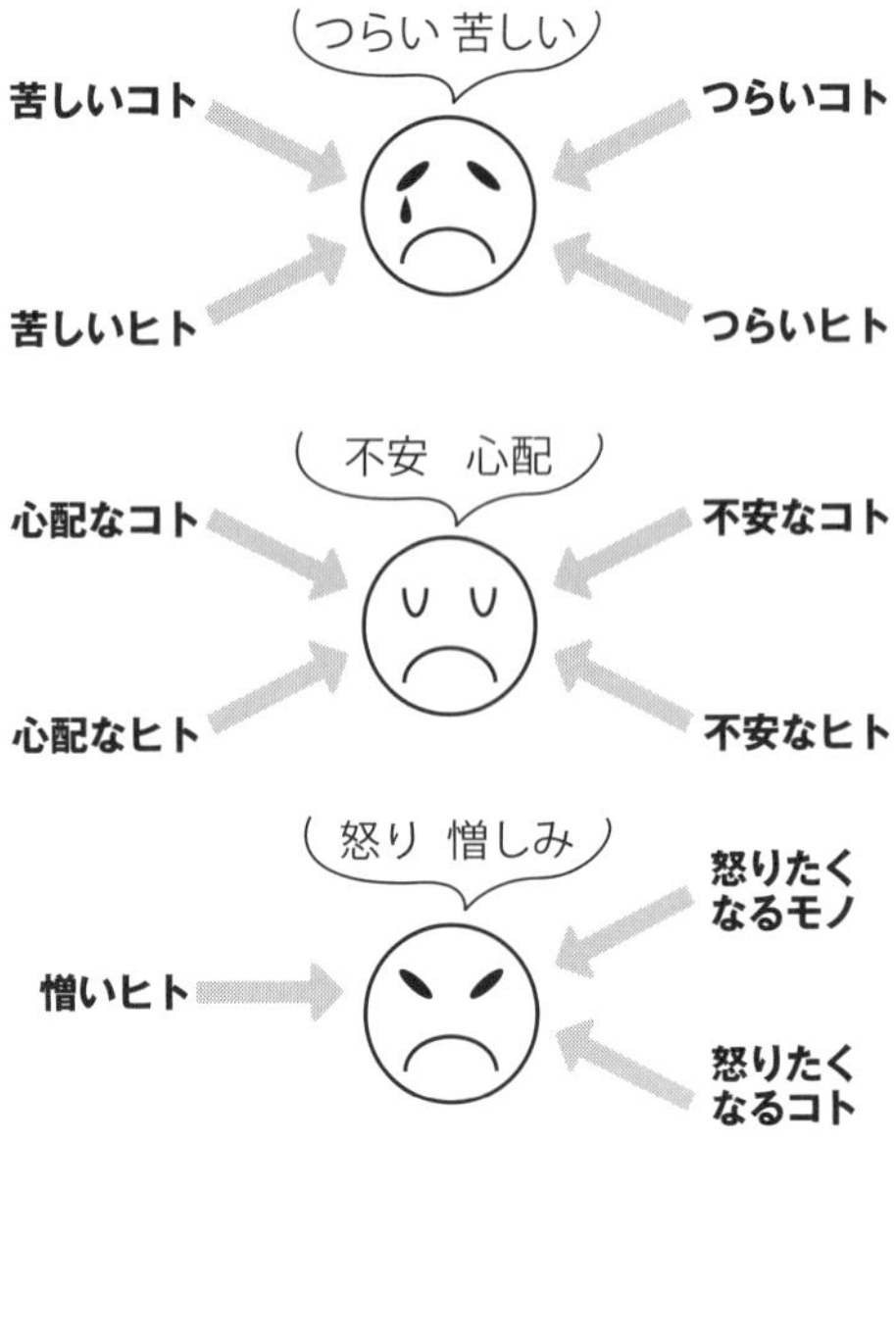

つらい、苦しいと感じていれば、さらにつらく苦しくなることを引き寄せ、不安だ、心配だと感じていれば、さらに不安になることが増えたり心配ごとがふりかかってきたりします。憎しみや怒りを感じていれば、憎くて怒りたくなるような人が引き寄せられて、あなたの目の前に現れます。

つまり、あなたの目の前に現れる人はあなたと同じレベルのヒトです。それを認めるからこそ、自分自身を知ることができるというわけです。

「負の引き寄せスパイラル」を脱出

私も、この事実を知ったときはガッカリしました。「私って、自分が思っていたほど、いい人じゃなかった！」と、少なからずへこんだものです。

現実は、あなたの心象風景です。あなたから見える世界が、あなたが体験している世界が、どれほど愛に満ちたものであるか、反対にどれほど悪意や不条理に満ちたものであるかは、すべてあなたの思いと、あなたの行いとにかかっているのです。

どんどんよくないことが続いていくのが、「負の引き寄せスパイラル」です。

でも、もしあなたが、今「負の引き寄せスパイラル」に陥っていても、大丈夫です！　必ず、あなたはそこから出られます。思いやりと優しさ、親切の「愛循環」を行い続けることで、その行いがあなたに返ってきて、あなたは必ず幸せになれますし、幸せになれば「愛の引き寄せスパイラル」に入って、さらに幸せを引き寄せ続けることができます。

幸せを自動的にどんどん引き寄せる

くれぐれも、「負の引き寄せスパイラル」に陥らないよう、気をつけてください。そのためには、思いやりや優しい思いと行動の「愛循環」で行動し、一日も早く心から「幸せだなぁ」「うれしいなぁ」「ありがたいなぁ」「恵まれているなぁ」と感じられるように努力してください。

そして、心から「幸せだなぁ」「うれしいなぁ」「ありがたいなぁ」「恵まれているなぁ」と感じることができるようになったら、あとは『引力の法則』に従って自動的に「幸せだなぁ」「うれしいなぁ」「ありがたいなぁ」「恵まれているなぁ」と感じる、あなたが望む幸せがどんどんと引き寄せられます（こうなったときに、はじめてあなたがこれまでに読んできた「引き寄せの法則」の本たちが役に立つと思います。幸せになってから、もう一度それらの本を読んでみましょう。書かれている意味がもっと理解できると思います）。

あなたは「愛の引き寄せスパイラル」に入り、さらなる幸せや感謝、優しさ、恵み、チャンスをどんどんと引き寄せるようになります。

ここまできたら、幸せを自動的にどんどん引き寄せますから、あなたは願っていることを、「思うままに」引き寄せられるようになります。

あなたを確実に幸せにする『引力の法則』のまとめ

★「心から本当にそうだと感じていること」が
どんどん引き寄せられ、あなたの心と同じレベルの
「ヒト、モノ、コト」が引き寄せられる。

★思いやりと優しさ、親切の「愛循環」を創り続けて
親切や優しさが自分に返ってくるようになれば、
心から幸せだと感じることができ、
心から本当に「幸せだなぁ」「うれしいなぁ」「ありがたいなぁ」
「恵まれているなぁ」と感じるようになれば、
あとは自動的に「うれしいなぁ」「ありがたいなぁ」「恵まれているなぁ」
という「ヒト、モノ、コト」が引き寄せられる
「愛の引き寄せスパイラル」に入る。

二つの基本ルールに則り、「効く努力」で幸せになる

最短距離で幸せにたどり着く

もしあなたが今までいろいろと努力しても、思ったように幸せになれないでいたとしたら、これまで述べてきた『循環の法則』と『引力の法則』を知らずに、「ムダな努力」をしてきたからかもしれません。誤解のないよう言っておくと、すべては「ムダ」ではないので「ムダな努力」とは必ずしも言い切れません。ですが、少なくとも幸せへの道のりの最短ではなかったと思います。

これからはこの2つのルールを活用して、最短距離で幸せにたどり着きましょう。

あなたは、地球という星に住んでいるこの宇宙の一員です。どんなゲームもルールを知らずに進められないように、この宇宙で生きるためにはこの宇宙の

ルールを知る必要があります。この宇宙のルールこそが、『循環の法則』です。そして、『引力（引き寄せ）の法則』です。

この2つの基本ルールを知らないで、いくら幸せになろうと努力して生きても、その努力は的はずれです。だから、空回りするだけです。

多くの人が幸せになろうと努力をしているのはわかりますが、今生のうちに抱える課題を解決して、あなたが望む幸せにたどり着けないのであれば、むしろ「ムダな努力」と言い切ったほうがわかりやすいと思います。

『循環の法則』と『引力の法則』でアッという間に好転する

あなたという魂が、肉体をもって地球という星に転生し、人生を体験しながら、個性を発揮してより幸せに豊かになるために、『循環の法則』と『引力の法則』があります。

これは、何も心の幸せに限ったことではありません。ビジネスでも恋愛でも何でも、『循環の法則』と『引力の法則』という2つのルールに則って努力をすれば、誰でも成功を手に入れることができます。

この2つのルールさえマスターすれば、あとは風水でも掃除でも、ヨーガでもダイエットでも美食でも、ビジネスでもスポーツでも、何を入り口にしてもあなたは幸せになれますし、成功できるようになります。

基本のルールをふまえ、あとはあなたの直観（センス）に従って、心の導きにまかせ、それぞれの目的に応じた具体的な努力の方法を選択し、損得勘定なく素直に正直に生きることです。そうすれば、あなたは必ず「幸せに成功」しますす。そして、あなたは確実に、手応えのある幸せを手に入れることができます。

『循環の法則』と『引力（引き寄せ）の法則』は、この宇宙で生きていく上で、基本中の基本ルールなのです。これは、精神論ではありません。事実です。

使い方次第で幸せになれるルールを知って「効く努力」をすれば、誰でも今いる環境から、今のままで自分らしい幸せを手に入れられるようになっていきます。「効く努力」とは、「悪循環」をやめて「愛循環」を創ることです。人によってはその道のりは困難であったり、時間がかかることもあるでしょう。でも続けていたら、必ず結果が出るのが「効く努力」です。

基本ルールを守れば、幸せになるために特別な努力はいらない

特別なことなどしなくても、宇宙の基本ルールを知っていたら、そのルールに則って生きていたら、毎日生きているだけであなたの魂は成長していきます。そして、魂の成長の度合いによって、相応の成功や幸せを手に入れることができるようになってきます。

けれどルールを知らないと、ただ生きて苦労だけして、アッという間に死んでしまいます。本来なら何をしていても魂は成長し、幸せと成功を手に入れることができるはずなのに、ルールを知らないだけで「無駄死に」です。ずいぶん厳しい言い方だと思われるかもしれませんが、これは本当のことなのです。

でも、このルールを知ったあなたは、絶対に、今よりもっとずっと幸せになれます。宇宙のルールに従い、肩の力を抜いて、与えられたチャレンジをこなすだけで……。そうすれば、あなたの魂は日々確実に成長し、よりよい人生を生きることになるのです。

宇宙は、すべての魂が幸せになれるルールを用意してくれています。宇宙は淡々とルールに従って動いているだけですから、あなたはそのルールを活かして生きればいいのです。

すべての障害は、気づきと改善を与えるもの

宇宙のルールに則って手に入れる幸せは、今生だけの幸せではありません。これは魂の成長に伴う根本的な変化ですから、これから何度生まれかわっても、もう二度と、今回のような人生を繰り返すことがなくなります。

「悪循環」を清算し、「愛循環」を創り、「愛の引き寄せスパイラル」に入ったあなたは、次に生まれ変わったときも、最初から「愛循環」の中で幸せなスタートをきることができるでしょう。

だから、魂の成長のために努力することや、今回の人生でどこまで幸せになれるかを追求することは、生きている間に最も「本気」になっていいテーマなのです。

これまでどんな風に生きてどんな経験をしてきたとしても、誰もあなたが手に入れる幸せを阻むことはできません。あなたが心から幸せを望み、努力するならば、目の前に現れるすべての障害と見える「ヒト、モノ、コト」は、「悪循環」の清算、あなたの「悪循環」を終わらせるためだけに出現する、ありがたいチャンスだとわかるでしょう。

「効く努力」は本物の幸せと成功をもたらす

自分の人生を変えるのは、自分しかいない。これは本当です。そして、幸せをつかむために必要なのは、「本気の努力」です。それは、手当たり次第がむしゃらにする努力ではなく、やるべきときに「効く努力」を本気でやるという意味です。

「効く努力」を本気でやることは、苦しくありません。なぜなら、やればやるほどに結果が出るからです。「効く努力」に本気で取り組むことで、あなたは自分の力で、二度とリバウンドしない、幸せと成功を手に入れることができます。

あれやこれやとお手軽な成功法則を試すよりも、少し時間はかかるかもしれないけれど本当に「効く努力」をするほうが、結果的に最速となります。

何度も言いますが、「効く努力」は、されたら嫌なこと「悪循環」をやめて、されたらうれしいこと「愛循環」を創ることです。コツコツ重ねていくことですが、長い目で見れば、根本から幸せになる最短距離の方法だとわかります。

それに、一度終わった「悪循環」は、転生しても二度と起こりません。

さあ、あなたがもっているすべてを活かして、「効く努力」をしながら、軽やかに生きていきましょう。

「効く努力」＝「悪循環」をやめて「愛循環」を創る

あなたを確実に幸せにする『効く努力』のまとめ

★『循環の法則』と『引力の法則』を知らないでする努力は、
「ムダな努力」かもしれない。

★「効く努力」は、「悪循環」をやめて「愛循環」を創ること。

★「効く努力」は、必ず結果が出る。

★障害と見える「ヒト、モノ、コト」は、
「悪循環」を終わらせるために出現する。

★「効く努力」に本気で取り組むと、
二度とリバウンドしない、幸せと成功を手に入れられる。

「感情解放」で、『循環の法則』『引力の法則』を有効活用

親切にしているのに、嫌なことが起こる

前にも述べましたが、人に親切にして、優しくし、「愛循環」を実践し始めても、すぐにまわりの対応が変わることはないでしょう。それまでしてきたことが「悪循環」としてたまっていると、まるで払っても払っても借金の返済に追われるかのように、親切をしているのに嫌なことが次から次へとあなたの前にやってくるかもしれません。

嫌な思いをすれば、誰だって怒りもわけば悲しくもなります。「いつかどこかでしたことが返ってきただけだ」とわかっていても。やはり悲しいし、苦しい。それがあたりまえです。

いくら頭で『循環の法則』や『引力の法則』を理解して、「やり返してはい

けない」とわかっていても、感情に飲まれてついきつく言い返してしまったり、いやみを言ってしまったり、怒ってしまったりするものです。

つまり、頭でわかっているだけでは、なかなかうまくいかないのです。そんなに簡単には、わいてくる思いやこれまでの行動の癖を変えることはできないでしょう。そういうものです。

やり返せば、新たな「悪循環」が増える

もし、やり返してしまった場合はどうなるでしょう？　当然、『循環の法則』によって、「やり返したら返ってくる」という現象が起こります。このように新たに与えてしまった思いも、新たにしてしまった行動も、いつかあなたにしっかり返ってくるのです。

だから、日々起こる出来事に反応して生きるのではなく、理性的になってほしいのです。なんとか感情に飲まれないようにして、やり返さないようにしないと、また新しい「悪循環」を生み出してしまいます。やってやり返して、を

繰り返していると、あなたの「悪循環」は一向に減らないのです。

やり返してはいけないと頭でわかっていても、実践するのはこれがなかなか難しいわけです。ほとんどの人が、反射的にやり返してしまっては自己嫌悪に陥り、ここでつまずいて、もがくのです。

「思わないようにする」と「まるでそう思わない」は違う

ここで精神論をもち出して、「怒りは流すのです」などと言われても、はっきりいって無理だと思います。感情を抑える、なかったことにする、などということは、とうていできるものではありません。

少なくとも私は、まったくできない人でした。わいてくる感情を「思わないようにする」とか「感情を俯瞰《ふかん》して見る」とか、本に書いてあるように私もできないものかと試みたのですが、それはとても難しいことでした。

長年瞑想やヨーガをしてきて思うのですが、怒りや恨み、悔しいと思う気持ちや不安、心配など、心の中にわいてくる負の感情を客観視して、脇に置いておく修練、つまり「思わないようにする」ことと、負の感情がわいてこない状態、「まるでそう思わない」はまったく違います。

修練によって「思わないようにする」ことはできますが、「まるでそう思わない」状態になるには、相当の時間と訓練を要するでしょう。それよりも、「悪循環」を終わらせ、「愛循環」を創造する実践のほうが、日常的に誰でもできますし、魂的な成長にとっても近道だと思います。

感情はためると濃くなる

感情は波動なのです。あなたの感情の波動は、『引力の法則』によって、同じ波動の「ヒト、モノ、コト」を引き寄せます。

顔で笑っていても、心の中が不満でいっぱい、本当は怒っている、という人のまわりには、不満がいっぱいのヒトや怒っているヒトがいるものです。そういう「ヒト、モノ、コト」が、どんどん引き寄せられてきます。

心配や不安でいっぱいな人には、心配や不安を感じさせる「ヒト、モノ、コト」が、次々と引き寄せられてきます。

不満、怒り、不安、心配、また、恨み、悔しさ、嫉妬などの感情は、多くの場合表立って表現されることがないので、心の中に、肉体に、どんどんたまっていきます。そして、そういった感情はたまればたまるほど濃くなり、引き寄せる力も強くなるのです。

感情をため込むと、ため込んでいる感情と同じ「ヒト、モノ、コト」を、ため込んでいる分だけ濃い濃度で、強い力で引き寄せ続けます。そのために不幸なことばかりが起きたり、たまった感情が肉体に影響して病気となって現れたりします。だから、その人のまわりにいるヒト、起こる出来事、健康状態を見ると、どんな感情がたまって濃くなっているかは一目瞭然です。

自分を客観視すると、早く改善できる

一言言っておくと、最初に、自分自身が「そんなにいい人ではない」と自覚することが、とても大事な気がします。

感情がたまる→濃くなって引き寄せが強くなる

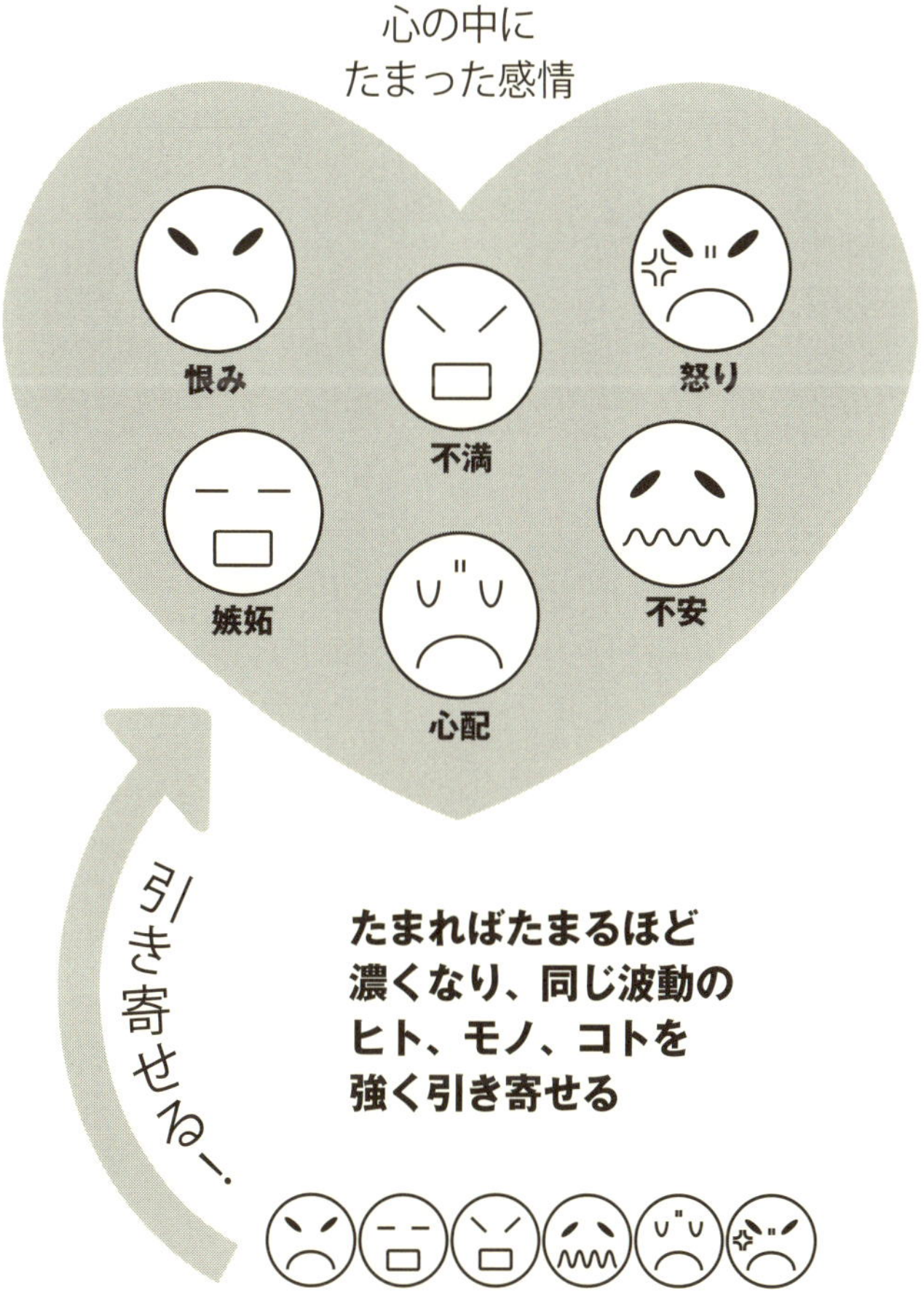
心の中に
たまった感情
恨み
不満
怒り
嫉妬
不安
心配
引き寄せる—!
たまればたまるほど
濃くなり、同じ波動の
ヒト、モノ、コトを
強く引き寄せる

前にも述べましたが、私の場合、『循環の法則』と『引力の法則』がわかってしまったとき、「私は、自分が思っているほどいい人ではない」と、はっきり見えてしまい、結構へこみました。それまで、自分はいい人だと信じていましたから。

でも、それまで起きたことや出会った人、その頃の状況などを冷静に見てみると、これまでに自分がしてきたことがどう返ってきたか（『循環の法則』）、自分がため込んだ感情が何を引き寄せたか（『引力の法則』）がよくわかり、結果、「自分は、たいしていい人ではない」と素直に認めることができました。恥ずかしながら、このとき自分をはじめて客観視したと思います。

そこで自分の立ち位置がわかり、これまでされてきたことから、自分がしてきたことが見えたからこそ、何をやめて、何をすればいいのかがわかりました。

今までの人生があまり幸せだと思えないなら、「私はあまりいい人ではない」とわかったほうが、早く自分を改善できていいと思います。そうやって、自分を客観視することは、とても大切なことだと思います。

「まるでそう思わない」ために、自分を改める

「怒りや悔しさ、不安や心配などの感情をため込むと、力が強くなって余計に引き寄せる」と知った私は、「このような、いわゆる負の感情が、最初からわいてこないようになるには、どうしたらいいのだろう?」と真剣に考え、試行錯誤しました。

ヨーガやマクロビオティック、断食なども試してみました。それなりの効果を体験してわかったことは、何が起きても負の感情がわかないような心になるには、それ相当の魂の成長が必要だということでした。

精神修養となるようなさまざまな方法で、ある程度の「まるでそう思わない」テクニックを身につけることはできるかもしれません。けれど、根本的に「思わないようになる」ためには、いいことも悪いことも、自分に返ってくるすべてを受け止めて、コツコツと自分を改める過程が肝心です。つまり『循環の法則』に則って、「悪循環」をやめ、「愛循環」を創造する。これに尽きると実感

しました。

感情はコントロールするものではない

もしかしたら、あなたは「感情はコントロールできる」と思っていたかもしれません。だとすると、「思わないようにする」ことが可能だと勘違いするのも無理はないでしょう。

でも、感情はコントロールするものではありません。感情をコントロールすることは、心に嘘をつくことです。自分が感じる思いにふたをしたり、感じていないフリを続けていると、自分が本当はどう感じているのか、自分が何を思っているのか、何をしたいのかなどが、わからなくなってしまいます。

感情を抑え続けていると、その感情と同じ波動の「ヒト、モノ、コト」をさらに引き寄せ、さらに感情をため込むという「負の引き寄せスパイラル」が生まれてしまいます。

感情をため込まないために大事なのは、感情の特徴を知って、適切に扱うことだと思います。うれしいとかムカつくとか、悲しいとか不安だとか、いろいろな感情の特徴を理解して、それぞれの感情の扱い方をマスターしましょう。

どんな感情も必要なのです。何に対しても怒らないような「いい人」になる必要はありません。

負の感情も認め、適切に扱う

怒りや憎しみ、不安や心配といった負の感情が心の中にわいてきたとき、それを流そうとしたり、抑えようとしたり、光にしようなどとイメージしたり、感謝に変換しようとしたり、感情のコントロールをはかることを勧める人がいますが、私はお勧めしません。

もちろん、それらのやり方で本当に心から「そもそも負の感情を思わない」なら問題はないのですが、ほとんどの場合、心の中にため込むだけだと思います。

便宜的に負の感情と書いていますが、そもそも、感情に正も負もありません。特徴が違うだけで、どちらも必要な感情なのです。だから、変に負の感情だけをなきものにしようとすると、感性が半分だけになってしまいます。

負の感情は危険を知らせたり、反面教師となって気づきを与えてくれたり、私たちにとって必要なものなのです。

だから、感情を全部よくしようとするのではなく、どちらも認めて、扱い方を変えるということをしてほしいのです。そうすることで、いつのまにか負の感情を感じることが少なくなってきた、というのが健全ではないでしょうか？

感情はエネルギー

感情は波動です。心の中に生まれる波やうねりのようなもので、感じるそれ自体にエネルギーがあります。強い怒りや深い悲しみ、恨み、心配、不安は口に出さなくても人に伝わりますし、空間の雰囲気を一変するほどのエネルギーがあります。

このエネルギーこそ、引き寄せるエネルギーです。感情には、同質のものを引き寄せる磁力があるのです。

だから、いつもワクワクしていたらワクワクするような「ヒト、モノ、コト」を、不安でいたら不安な「ヒト、モノ、コト」を引き寄せるというわけです。

負の感情をためてもいいことはない

負の感情はたまるけれど、うれしい感情はたまるということがありません。うれしいことは、誰もがすぐに「うれしい！」と表現するからです。負の感情は表現してはいけない（とされている）ので、たまる一方になりがちなのです。

すると爆発しないタイプの人は、心を病んだり、体が病気になったりします。負の感情がたまりすぎてキャパシティオーバーになると、ささいなことでカチンときて、それを引き金に日頃のストレスが一気に出て、大げんかになる、というようなことも起こるでしょう。感情に飲まれ、我を忘れて事件を起こしてしまうようなこともあるでしょう。たまった負の感情の爆発です。

爆発タイプの場合は、いつもイライラしていたり、すぐにキレたり、身近な人に八つ当たりしたりします。「やってはいけない」とわかっていても、心が苦しいから、なんとかたまった感情を外に出そうとするのです。

そうやって出そうとするのは、自然なことです。でも、『循環の法則』によって、したことは返ってくるので、キレたらキレられ、八つ当たりしたら八つ当たりされるという「悪循環」が生まれてしまいます。

感情を抑え込まず、表現して解放する

一度わいてしまった感情は、無理に抑え込んだり、しまっておくことはできません。怒りや恨みも、うれしい、楽しいという感情と同様に、表現して解放してしまう必要があります。

よく子どもがぐずったり怒ったり、泣いたりして、感情を爆発させていることがありますが、ひと通り暴れたらスッキリして、元気に遊び出したりしていますね。けんかをしていた子どもたちも、しばらくしたらすっかり忘れて仲よく遊んでいたりするものです。

これが、「感情解放」です。

わいてきた負の感情は、出してしまえばスッキリします。だから、負の感情こそ、ためずにただ素直に解放すればいいのです。

負の感情は、ただ素直に解放すればいい

負の感情は、「感情のウンチ」だと思ってください。出したいときに出せば元気でいられるけれど、ためてしまうとさまざまな病気を引き起こす。出せないと困るけれど、体にとっては必要。負の感情は、このウンチのようなものです。ウンチだから、負の感情はため込まないで解放する。感情のウンチは、そのまま解放する。これがためないコツです。難しい瞑想も何もいりません。素直に出す。これだけです。

ただ大人ですから、子どものようにいつでもどこでも怒ったり泣いたりできるわけではありません。どこでもかまわずウンチをしないのと同じで、わいてきた負の感情も、一人でこっそり解放する、これが「感情解放」のエチケット。

では、どうやってわいてきた感情をためずに解放したらよいのでしょうか？

感情を解放する5つの方法

次に、感情解放の5つの方法を紹介しますので、ぜひいろいろ試してみて、あなたに合ったやり方を見つけてください。

感情解放の方法　その1　トイレで息を吐き出す

会社や学校など、屋内で「負の感情」を出してしまいたいときにお勧めなのは、トイレなどに行って息で吐き出す方法です。思い切り息を吐きながら、音（声）を出さずに、言いたいことを全部言ってしまうのです。

シャドーボクシングなども、いいでしょう。できるだけ、怒りや憤り、ぶつけたい思いを、「体を使って」表現してください。

私は運転免許の卒業検定に落ちたとき、信じられないくらい「悔しさ」の感情がわきあがってきたので、トイレに行って地団駄を踏んだり、シャドーボクシングをしたりして吐き出しました。多分、15分くらい必死になって空気を殴っていたかと思います。

卒業検定に落ちたことがきっかけで、心にたまっていたいろいろなことへの悔しさが、堰《せき》を切って出てきたのです。あまりにも悔しくて、「バカヤロー」とか「ふざけんな！」とか音に出さない声で、ブツブツ文句を言いながら出し切りました。

ひとしきり全部出すとスッキリして、検定に落ちたことについて何も思わなくなりました。「感情解放」をするとおもしろいことに、あれほど悔しかった感情がきれいになくなって、「ま、いいか」というふうに気にならなくなります。

前向きになろうとか、悔しい感情を抑えて「これもよかったことだ」などと自分に思い込ませなくても、ただその悔しい感情を素直に言葉にし、体を使って表現して、ジタバタしたり、泣いたり叫んだりして吐き出してしまうと、ケロッとして何事もなかったかのようになり、自然と前向きになります。

そして、心から「これでよかった」と思えるようになるのです。

感情を吐き出したあとの場所には、心を込めてお礼を言い、できたら柏手《かしわで》を何回か打ちましょう。そして、「ありがとう」と感謝の思いを込めて水を流しましょう。

感情解放の方法　その２　車の中で叫ぶ

どうにもこうにも、怒りがわいてきてたまらないときは、車の中で、大声で叫んでみてください。「アァ〜」とか、「ウゥ〜」とか、「キィ〜」とか、ただ叫ぶだけでも、ものすごくスッキリします。

自分の中に、こんな不協和音があったのかと、その叫び声を聞いてビックリするかもしれませんが、言葉にならない思いが感情ですから、感情を吐き出すときは、叫び声を出したり、ジタバタするのがとてもよく効きます。

スッキリしたらドアや窓を開け、新鮮な空気を入れて、車に感謝しましょう。

感情解放の方法　その３　泣く

悲しかったら泣いてください、悔しいときも、泣いてください。

男性は、特に泣くことが上手でない人が多いのですが、泣けてきたときは、たまっている感情を出すチャンスだと思って泣きましょう。

泣く場所は、家でなかったらトイレなどに駆け込み、声を出せたら出して泣きましょう。とにかく、わきあがってきた感情を止めずに出すのです。これが、「感情解放」のコツです。


以前海外に行った際、あることをきっかけに、あぶり出されるかのように悲しい感情がわきあがってきました。ベッドの上で叫んで暴れていたら、かなり昔の前生で「すごく好きな相手から、適当に扱われたことが悲しかった」という深くたまっていた感情が現れました。その感情が解放されたら、素直に「いつか私がこういうことをしたんだ。やめよう」、と自然にそう思えました。

このとき、最初は悲しいという感情だったのですが、解放するに従って、悔しい↓腹が立つ↓寂しい、と変わっていきました。

感情を解放していくと、様々な感情の下に、また違った感情があることに気づきます。怒っている相手は、「もしかしたら本当は寂しいのかもしれない」、不機嫌な相手は、「本当は悲しいのかもしれない」、と思いやれるようになってきます。


「感情解放」をしていくと、自分で自分の前生を思い出すこともあります。泣きたくなったら泣き、怒りたくなったら怒り、悲しくなったら悲しむという一連の感情の変化を抑えずに、ただ素直に表現するというだけのことなのですが、たまっている感情を表面から徐々に解放していくだけで、少しずつ感情の深いところまで解放されていきます。その過程として、前生の記憶のような、深いところに隠された記憶、自分でも見ないようにしまっていた生の記憶を開くことがあるのです。

「なぜ私はこれをされたのだろう?」と理解できないことでも、前生の記憶がよみがえって、「やはり自分がしていたことだった」と思い出す体験は、「感情解放」をしていると、本当によくあることです。

いくら頭では「したことがされた」と理解していても、感情的に納得のいかないことはあると思います。「感情解放」をしていると、こうして前生を思い出したりして、「された」ことの原因となる行いを、自分が「していた」という記憶に出合うと、きれいサッパリあきらめることができたり、「だったらしょうがない」というように、いつまでもこだわっていた恨みや憎しみを手放すことができたりします。

思い切り泣いて「感情解放」をすると、最終的には「自分がした。だから返ってきた」ということがわかるので、「これだけ自分が悲しい思いをしたのだから、誰かを悲しませるのはやめよう」、と自分を改めることができます。「悪循環」の終わりです。

「感情解放」のうち、特に泣くことはとても簡単な入り口なのですが、そこから深く解放してゆくと、前生を思い出すような体験をすることもあり、こうした体験を何度も繰り返すと、本当に自分の深い部分が癒されて、誰にでも優しくなれます。

ちなみにその旅行の最終日はスッキリしたあとだったので、一日中解放された気分で、とても楽しめました。虹が出て、幸せな時間だけを過ごし、幸せな景色ばかりにめぐり会いました。

つくづく目の前の現実は、自分の心の映し絵だと感じました。

感情解放の方法　その4　走る

走ることも、お勧めです。昔の映画でよくあった「ばかやろ――」と走り出す、アレです。

走るのは、ランニングなどではなく、猛ダッシュです。「なんだか悲しい」「なんかイラついてきた」、そんなときは、猛烈にダッシュすると、結構スッキリします。

ただし、くれぐれも事故には気をつけましょう。感情を出し切る前は、イライラや悲しみと同調する確率が高まっているため、よくないことを引き寄せやすい情況だからです。広くて安全な場所で、走るようにしてください。

感情解放の方法　その5　掃除をする

よく掃除をすると運が開くといわれますが、それはかなり確かです。

部屋にはいろいろなモノが置かれていますが、自分が選んだモノには、選んだときの「思い」、つまり「感情」が入っています。その部屋、またはその家を選んだことも同様です。

だから、掃除をすることと「感情解放」は、エネルギー的には同じことなのです。つまり私たちは、いらないものを処分したり、部屋を掃き清めたり、ぞうきんがけをしたり、部屋にあるモノをふいたり磨いたりしてきれいにする掃除という行為を通して、心の中をお掃除しているのです。

「物事がうまく進まない」「幸せな気分になれない」、そんなときは、部屋の中のモノを処分してみてください。見て触って、ウキウキする感じがしないモノなら、思い切ってサヨナラしましょう。

ただし、サヨナラするモノたちに、きちんと感謝の思いを送ってから処分してください。それらはゴミではなく、あなたの過去だからです。過去にきちんと感謝してから、サヨナラしましょう。

そして、これがとても大切ですが、次に何かを手に入れるときは、見て触って、心から幸せを感じるもの、ウキウキするものだけを手に入れるよう心がけてください。

そうやって、あなたの「ウキウキ」や「幸せ」という感情のエネルギーのこもったモノだけに囲まれて暮らすようにすると、感情は同じ波動の「ヒト、モノ、コト」を引き寄せるので、さらなる「ウキウキ」や「幸せ」が引き寄せられてきます。

「感情解放」は、一人ですること

これらのほかにも、あなたが心から「スッキリする」方法はあると思います。ぜひそれを見つけて、「負の感情がわいてきたら出す」という癖をつけていってください。

先に述べたように、感情を解放するときは、「一人で」というのがとても大事なポイントになります。なぜなら、負の感情は「ウンチ」だからです。誰でもトイレには一人で入ります。負の感情を出すときも同じです。

もちろん、親しい者同士で悲しさや悔しさを共有したり、誰かの「感情解放」をお手伝いするのもいいでしょう。でも、できれば「感情のウンチ」は一人で処理できたほうがエレガントかと思います。

それに、人前で泣きわめいたり、いかにも重たい感情を見せたりするのは、はた迷惑というものです。

負の感情は、ためずに〝一人で〟出す。そしてそのあとは空気を入れ替えたり、お掃除したりしてきれいにし、立つ鳥跡をにごさずの精神で実践しましょう。

たまっている感情が解放されると、「まるでそう思わない」

とにかく、どんな方法でもよいので、かっこつけずに、泣いたりわめいたり、叫んだりして負の感情を出す癖をつけてください。たまっている感情が出ていくと、その人本来の性格が戻ってきます。

がんばらなくても自然と相手の立場にも立てるようになり、性格も温和になってきます。さらに、人のことが許せるようにもなります。

人の心の中にはもともと「愛と感謝の心」があり、その派生としてさまざまな感情の形が存在しています。たまっている負の感情がなくなれば、心はもとの「愛と感謝の心」に戻るのだと思います。

つまり、「出せばいい」のです。出してスッキリしたら、努力しなくても、あなたは優しい人になります。自動的に、優しくなります。それは、最初からあなたが優しい人だからです。

もう、「思わないようにする」努力はやめましょう。まず先にたまっている感情を出す。たまっている感情がなくなると、そういうことを引き寄せなくなりますし、自然に「まるでそう思わない」ようになってきます。

「思い込み型」の努力は、「ムダな努力」です。いつか爆発し、そうでなければ病気になります。だからただ、自然に感情を解放しましょう。一人で思い切り、解放しましょう。

そうやってたまっていた感情がなくなる頃、きっとあなたは怒っていた自分や、イライラしたり、不安だったり、人の目を気にしていた自分のことを忘れてしまっているはずです。

現にクライアントさんたちは、昔の自分などすっかり忘れてしまって、いつも朗らかで優しく、安心して、まわりを信頼して、仲よく幸せに暮らしています。

何かになるのではなく、もともとそうだった、ソコに還るだけです。あなたは元々「愛循環」に生きていた。あなたはもともと「幸せだった」ソコに還るだけです。

感情を解放すると、「悪循環」をつくらなくなる

「感情解放」は、一日や二日で簡単に終わるものではありません。それこそ魂として何回も生きてきて、たまりにたまっている感情を解放するわけですから、最初はうまくいかないかもしれませんし、それ相当の時間はかかります。

それに、「感情解放」を始めると、体がすごく疲れたり、感情を刺激するようなことがたくさん起きたり、人間関係が変わったり、いろいろなことが現実に起きてきます。

でもそれにめげずに続けていると、そのうちに落ち着いてきます。落ち着いてくると、「負の感情の引き寄せ」がなくなってきます。そうなると、本来のあなたの感情に近い優しくていい人や、いいモノ、いい出来事が引き寄せられてきます。

それから、たまっている感情が少なくなってくると、反射的にやり返したりしなくなるので、「悪循環」をつくらなくなります。しなければされませんから、

嫌なことがだんだん起こらなくなってきます。嫌なことが起きなければ、負の感情もわいてこないので、「負の引き寄せスパイラル」も起きない……、というこというわけです。

「感情解放」で、人生は驚くほど好転する！

「感情解放」を多くの人に提案してきて思うことは、「たまっている感情を出しただけで、こんなにも人生は好転するものか」という素直な驚きです。まさにこれは、掃除のなかの掃除。究極の人生改善掃除法が、「感情解放」なのではないかと思います。

それは、こういうわけです。「感情解放」で心の大掃除がなされると、自動的にいい人になって、努力しなくても優しい思いをもって、優しい行動ができるようになります。ただ日常を暮らしているだけで、「愛循環」を実践していくことができるのです。

そうして自然に重なる「愛循環」は、前述のように『循環の法則』によって、まわりからの優しい思いや行動となっていずれあなたに返ってきます。そうなると、心から幸せや感謝の気持ちを感じることができるようになり、『引力の法則』によって、あなたが感じる幸せやありがたいことがどんどん引き寄せられてきます。

だから、「感情解放」は、『循環の法則』と『引力の法則』を使ってあなたが幸せになっていくために欠かせないものなのです。

感情を解放して「愛循環」を創れば、幸せを引き寄せて離さない

たまっている感情を解放することで、「負の引き寄せスパイラル」がなくなります。「悪循環」をやめて「愛循環」を創れば、どんどん愛が返ってきて、あなたは心から幸せだと感じるようになります。幸せを感じれば感じるほどに、さらに「愛の引き寄せスパイラル」が始まり、結果的にあなたは幸運をどんどん引き寄せることができるようになります。

生きている間、感情がなくなることはありません。悲しく感じることも、怒

「感情解放」→「愛循環」→ 幸せを引き寄せる！

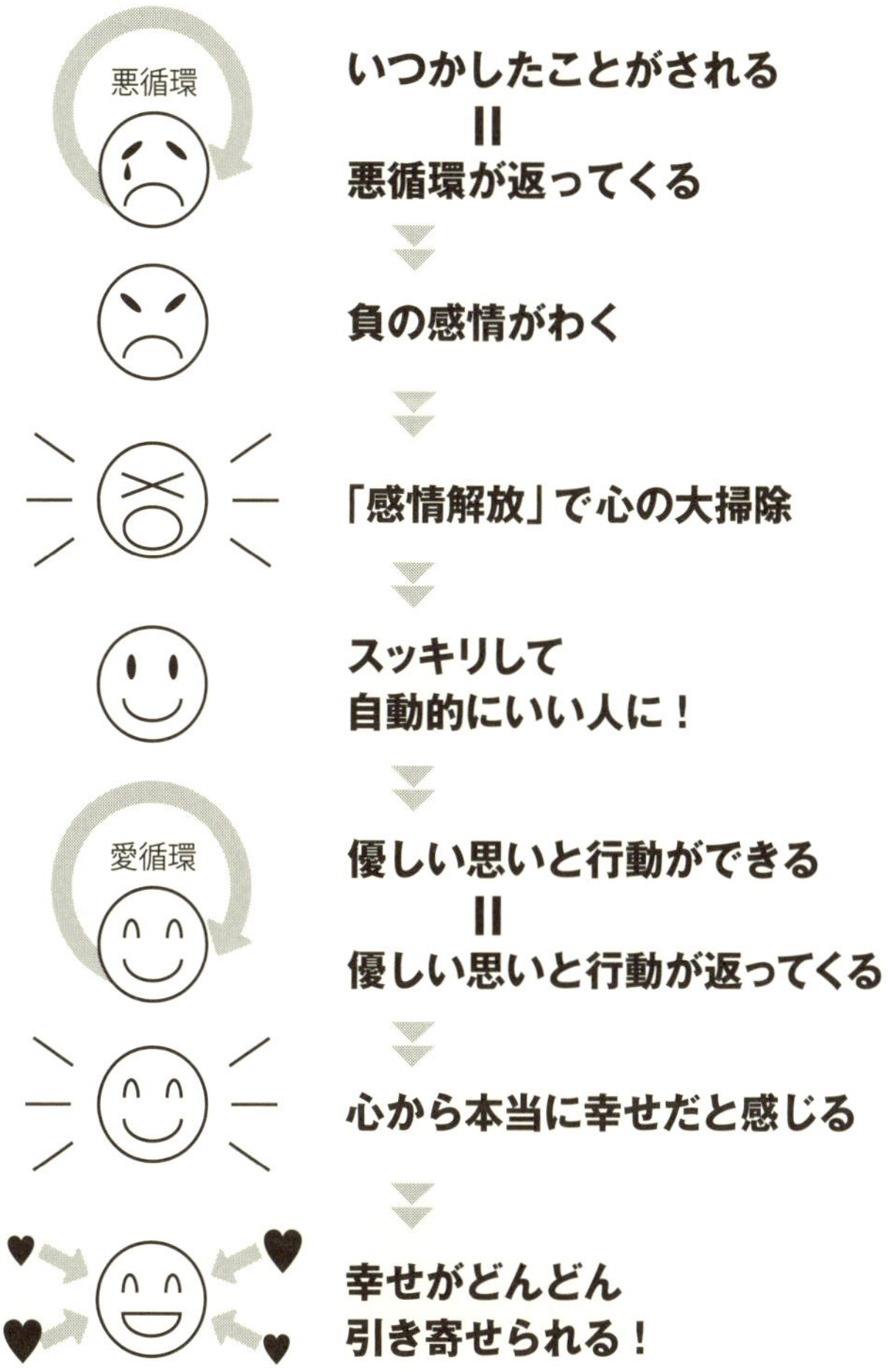
悪循環
いつかしたことがされる
＝
悪循環が返ってくる
負の感情がわく
「感情解放」で心の大掃除
スッキリして
自動的にいい人に！
愛循環
優しい思いと行動ができる
＝
優しい思いと行動が返ってくる
心から本当に幸せだと感じる
幸せがどんどん
引き寄せられる！

りがわくこともあります。そのときはまず、相手にやり返す前に「感情解放」をすることです。相手に負の感情を与えない、という癖がつけば、反射の「悪循環」はやめられます。そして負の感情を与えないから、与えられなくなります。

加えて「愛循環」を創っていれば、引き寄せた幸せを手離すことなく、いつまでも幸せに暮らせるようになるのです。

あなたを確実に幸せにする
『感情解放』のまとめ

★怒りや恨み、悔しい気持ちや不安、
心配といった負の感情は、
負の波動のヒト、モノ、コト（出来事）を引き寄せる。

★負の感情をため込んでいると、
爆発してキレたり、病気になったりする。
感情を、ただ素直に解放しよう。泣いたりわめいたり、
走ったり、掃除をしたりして、スッキリしよう。

★心にたまっている負の感情を出すと、
「負の引き寄せスパイラル」がなくなり、人生が好転する。

第二章

自分がレベルアップするほど、さらに幸せな恋愛・結婚生活がやってくる

あなたはまるであなたのような人と出会い、恋に落ちる

視界にあるすべてが『引力の法則』による出会い

「何が『引力の法則』による出会いで、何が『循環の法則』による出会いですか？」という質問をいただくことがあります。この2つの出会いには、明確な違いがあります。

まず、あなたの視界にあり、あなたが見る「ヒト、モノ、コト」すべてが『引力の法則』による出会いです。

あなたは、あなたが発しているエネルギーとシンクロする「ヒト、モノ、コト」を引き寄せて、それがあなたの視界に映ります。あなたが発しているエネルギーは何かというと、心で感じている「感情」です。

感情は、引き寄せるエネルギーです。だからあなたはあなたの視界にある「ヒ

ト、モノ、コト」を見れば、あなたの心の中にある隠された感情に気づくことができるのです。あなたが見ている景色、それがあなたの心の中の景色といっていいでしょう。

以前こういうことがありました。銀座で電車を降りたら、夫が「さっきけんかをしていた人たち、すごかったね！」と言いました。でも、私はそのけんかをしていた人たちを見ませんでした。

当時、夫の心の中にはまだ「怒り」の感情がありました。夫の心に隠れていた怒りの感情が、同じ怒りの感情を発している人を引き寄せたため、視界に入って、見たのです。

私にはそのような怒りの感情がなかったので、引き寄せず、そのけんかを見ませんでした。

同じ感情（エネルギー）を引き寄せて、視界に映して、見る

何事も、うっかり目に入るということがありません。目に映るすべてと同じ

感情を自分が発しているから、引き寄せて視界に映し、見るようになっています。

あなたの視界にある景色をよく見てください。それはどんな景色ですか？　あなたの視界にいる人、見える人の表情を、よく見てください。彼らはどんな表情ですか？　怒っていますか？　疲れていますか？　悲しそうですか？　不満そうですか？

彼らはあなたが気づいていない、あなたを表しています。あなたが引き寄せている人は、あなたの心の中の感情（エネルギー）を表しています。あなたの視界に入る人が皆笑顔で明るく朗らかなら、あなたの感情（エネルギー）が明るく朗らかだということです。

あなたが関わるすべてが『循環の法則』による出会い

あなたが関わる「ヒト、モノ、コト」すべてが『循環の法則』による出会いです。

先ほどのけんかの例で説明しましょう。けんかを「見ているだけ」なら、そのけんかと同じ感情が心の中にあるから「引き寄せたんだ。じゃ、解放しよう」となりますが、もしここで、そのけんかをしているヒトと関わったらどうでしょう？　あなたも何かとけんかをしている、けんかをする「循環」がある、ということになります。

見ただけではなく関わったら、それは『循環の法則』による出会いです。『循環の法則』による出会いは、あなたが関わる「ヒト、モノ、コト」すべてです。

循環があるから関わります。循環とは「縁」です。もしあのとき夫が、けんかをしている人を見ただけではなく、けんかに巻き込まれたりしていたら、夫にもけんかをする「悪循環」があるということです。

関わることが、『循環の法則』でしたことが「返ってきた」、つまり、「自分も同じことをした」という証拠です。

生きているといろいろな出会いがありますが、関わる人の数は限られています。毎日の通勤だけでも何千人と出会うにもかかわらず、関わることができる人がほんのわずかなのは、あなたと同じことをしているヒトとしか関われない、あなたと同じ「循環」＝縁のある人としか「最初から関わることができない」からです。

同じ「循環」の中にいる人と出会う、関わる

たとえ少ししか話さない相手でも、あなたと関わりがある人は、循環＝縁がある人です。「袖擦り合うも多生の縁」とは、まさにこのこと。

恋愛は、「関わる」ことです。

出会う＝あなたと同じ感情（エネルギー）の人
関わる＝あなたと同じことをしている人

同じエネルギーをもち、同じことをしている人と関わる。つまりあなたは2つの法則によって、あなたによく似た人と恋に落ちることになっています。それがわかれば、恋人に過度な期待をせずに済むのでは？　と思います。

とかく好きになった人には期待し過ぎてしまうものですが、あなたの恋人があなたより優れていたり、あなたより優しかったり、あなたより立派だったりすることはありません。

逆にあなたより劣っていたり、あなたより優しくなかったり、あなたより怒りっぽかったりすることもありません。恋人同士、夫婦はとてもよく似ているものです。

明るい感情でいれば、明るい出会いを引き寄せる

『循環の法則』と『引力の法則』を活かして生きていると、あなたの心の中の親切や優しさ、思いやりと同じ感情を発している人と出会い、あなたがしている親切や優しさや思いやりを返してくれる人と関わることができます。そうなると、さらに明るい引き寄せをしてくれるようになるので、楽しい人や仲よくなれる人と、どんどん出会うようになります。

あなたが幸せになって、明るく感謝にあふれるようになってから出会い、関

わった人とは、幸せで明るく感謝にあふれた循環＝縁をつなぐことができるようになります。

心から朗らかになり、幸せで明るい感謝の思いが心からあふれるように、そんな感情を発して生きていれば、自然とよい出会いが引き寄せられてきます。

あなたが発していれば、出会いを求めてわざわざ出かけなくても、自動的に、明るい感情（エネルギー）の人を引き寄せますし、引き寄せたその中から「循環＝縁のある人」との明るい関係が始まります。

第二章　自分がレベルアップするほど、さらに幸せな恋愛・結婚生活がやってくる

相手を思いやるから、相手からも思いやりが返ってくる

「何もしてくれない」と相手を責める前に

「あなたは何もしないじゃない！」などと相手を責める前に、ちょっと考えてみてください。

こんなことがありました。夫がいつもキッチンやランドリーの天袋の扉を開けっ放しにしていました。彼が開けっ放しにした扉を私が閉める。ということは、私も彼と同様に何かをやりっ放しにして、その後始末を彼にさせていることがあるはずだと思いました。『循環の法則』は、「したことがされる」が原則です。

彼に、「私がいつもやりっ放しにしていることない？」と聞きました。そうしたら、「愛《あい》ちゃんは、いつも電気をつけっ放しにしているよ。僕は気づいて、

いつもそれを消しているよ」と彼は言いました。なるほど、私もやりっ放しにした後始末を彼にしてもらっているんだとわかりました。それからは、彼は扉をきちんと閉めることを、私は電気を消すことを心がけました。そうやってお互いが心がけたことにより、二人のやりっ放しの癖が直りました。「やりっ放しの後始末を相手にさせる」という、お互いの「悪循環」が消えたのです。

相手に、「していない」と責めることは簡単です。でも『循環の法則』で考えてみたら、自分の気づかないところで、自分も相手と同じことをしていると気づくことができます。相手を責める前に自分をふり返って、改めることが大切だと思います。

お互いがお互いの姿を見て自分を改めたら、相手を責めたり、けんかをしたり、むやみに自分の正当性を主張したりすることもなくなります。

自分から先に行動する

とかく「自分はできている」と思いがちなのですが、誰かに対して「何かをしてくれない」、または「何かをやめない」などと、気になることがあるときは、「同じようなことを自分もしているのでは？」とまずは自分の行動をふり返ってみてください。

思いやってもらえないなら、きっと思いやれていないところがあるはずなのです。だから「思いやってくれ！」と訴えるのではなく、「思いやれていないところはありませんか？」と相手に聞いて、自分から先に思いやることです。

相手を責めるよりも、自分が改めることがないかどうかを相手に問いかけたほうが、自分では気づいていなかった部分が見えますし、お互いの関係はずっとよくなります。

もしあなたが、あなたが望むように優しくされたかったら、相手が望む優しさを聞いて、相手の望む優しさの方法を示しましょう。これを続けていたら、きっとあなたもあなたの望む優しさを示してもらえるようになります。「したことがされる」のが『循環の法則』です。

優しさの示し方は、人それぞれ。誰もが「自分なりに」優しくしているはずなのですが、「自分がしてほしい優しさ」以外に気づけないことがあります。

独りよがりな優しさで自己満足しないように、相手にどうしてほしいかを聞いてみてください。優しさの形も、相手に合わせてみてください。

この思いやりだけで、示し方は違っても、お互いの優しさを感じられるようになります。

恋人やパートナーに対する負の感情を解放する

パートナーは負の感情を解放させてくれる

恋人や夫、妻に対して不安になったり怒ったり、いわゆる負の感情をもってしまうことがあります。そんなときは、その感情を相手にぶつけたりわかってもらおうとしたりせずに、まずは一人で「感情解放」（Ｐ１０８）しましょう。

パートナーは鏡となって、あなたの中の隠れた負の感情を刺激してくれます。あなたが怒りを隠しているなら、あなたが怒るような出来事を作って、その怒りの感情を解放させてくれようとします。感情を刺激して「怒らせて」くれるのです。

これは、とてもありがたいことです。なぜなら、あなたがいつまでも怒りの感情をもっていると、怒りのある「ヒト、モノ、コト」を引き寄せてしまうからです。だから、たまっている負の感情は、感じたときに素直に解放してしまったほうがいいのです。

負の感情をそのままパートナーにぶつけてしまうと、「したことがされる」新しい「悪循環」が始まってしまいます。あなたが怒りをぶつけたら、いつかあなたは怒りをぶつけられます。

新しい「悪循環」をつくらないように、負の感情を刺激されたら、一人で「感情解放」してください。

負の感情を刺激してくれる人に感謝を

不安や悲しみ、怒りや許せない思いなど、感じるのがうれしいと思えない感情を感じさせてくれる人は天使です。あなたの中の隠れた負の感情を刺激して、「出すきっかけ」を与えてくれたのですから。

恋人や家族、子どもなど、あなたの怒りや悲しみ、不安や心配を刺激してくれる人に感謝して、ありがたくそのチャンスを活かして、一人で「感情解放」

して、隠れた負の感情を解放させてもらいましょう。

恋人やパートナーに、わきあがる負の感情をそのままぶつけて新しい「悪循環」をつくることなく、まず一人で「感情解放」してから、そのあとに冷静に話をすると、けんかになりません。あなたがそのように冷静に話せるようになると、相手も変わってくるでしょう。

わきあがる負の感情のぶつけ合いは「悪循環」を生むだけで、何の解決にもなりません。

ぜひ、一人で「感情解放」してください。そしてあなたの中にある負の感情を刺激して、解放のチャンスをくれる人に感謝を。

第二章　自分がレベルアップするほど、さらに幸せな恋愛・結婚生活がやってくる

あなたを確実に幸せにする
『恋愛・結婚生活』のまとめ

★あなたと同じ感情（エネルギー）の人に出会い、
あなたと同じことをしている（同じ循環にいる）人に関わる。

★明るい感情でいれば、自動的に、明るい人を引き寄せる。

★相手から思いやってもらえないときは、
あなたが相手を思いやっていない。

★相手に聞いて、相手の望む優しさを示そう。

★負の感情はパートナーにぶつけないで、
一人で「感情解放」する。

第三章

成功者は体験的に『循環の法則』を知っている

職場も同僚もあなたにそっくり

なぜその職場をみつけ、選んだのか

恋人もそうですが、職場もあなたが引き寄せた場です。

なぜその職場を見つけたのか？　なぜその職場を選んだのか？　それが、『引力の法則』と『循環の法則』のなせる業。

同じ求人サイトを見ていても、目に入る仕事とそうでない仕事があり、面接に行く会社と行かない会社があると思います。

あなたは、あなたと同じ感情（エネルギー）の人が多い職場と出会い、同じことをしている（同じ循環にいる）人がいる職場に行くことになっています。

そうやって、知らず知らずのうちに、私たちは「引き寄せ」と「循環＝縁」がある職場を選んで行っているのです。

あなたが変わらない限り、転職しても同じ

とにもかくにも、人は自分と同じ「ヒト、モノ、コト」に囲まれているということです。「人のふり見て我がふり直せ」です。人のしていることを見て、「直したほうがいいな」と思うことは、「あなたが直したほうがいいよ」ということです。

今のあなたの仕事も、あなたが引き寄せたあなたと同じレベルの職場です。転職しても、あなたが変わらないと、また同じような職場を引き寄せ、選んで、同じような課題で悩むことになってしまいます。

転職も転生も、同じことです。職場を替えても、肉体を替えても、中身である自分自身が変わらないと、結局同じ課題をやることになるのです。

「悪循環」から卒業するためには、今いる環境の中で「何をやめて、何をしたらいいのか」を見つけ、コツコツと「効く努力」をすることです。そして、今いる場所から「愛循環」を創ることです。

「悪循環」がたくさん返ってくる職場ほど、「悪循環」を早く終わらせることができるといえます。

言い返したいときこそ、一人で「感情解放」

以前、こんなことがありました。私にまだ「悪循環」があった頃、ある会社に就職をしました。何店舗もある店のうち、一つの店の店長を任されていました。

私の店舗で働く人たちは皆仲がよく、店内では何の問題もありません。でも他店舗の店長同士は仲がよいとはいえず、他店舗では私が悪者になり、あらゆる陰口の対象となっていたのでした。

これは、明らかに「いつかの私自身がつくった悪循環」です。

いわれのない陰口をたたかれて、傷つかない人も、言い返したくない人もいないと思います。でも、「悪循環」が返り終わるまでは、一人でひたすら「感情解放」です。

言い返したくても一人で「感情解放」、傷ついても家で泣きながら「感情解放」、そうやって、ひたすら言い返さず、言い訳せず、黙々と働いていました。そして、私の店舗の中では皆と仲よくしながら働いていました。

「感情解放」しつつ、事実ではない陰口に耐えること4か月、事態は急転します。

「悪循環」が終わると、現実が変わる

ある日、異動で別の店舗から来た女性は、私に出会って驚きました。「島本さんて、こういう人だったんですか?」。私は、「どういう人だと思っていたの?」とたずねました。私は、そこではじめて、自分が置かれていた状況を正確に知ったのでした。

彼女が言うには、私は冷酷非情、冷徹で、人をおとしめて店長にのし上がったひどい人、というふうに噂されていたとのことでした。もちろん事実無根です。これを聞いて驚いた私の店舗のスタッフが、私がどんな人物であるかを彼

女に説明してくれました。

今までのすべてが誤解だったと理解した彼女は、確かめもせず人を中傷していた自分自身を反省し、わざわざ社長に直訴して、これまでの私に対する風評がまったくの嘘だったと説明してくれました。

誤解が解けたとたん、すべての店舗の店長が私を温かく迎えるばかりか尊敬の念を向けるようになりました。そして、私について嘘の風評を流していた人は、異動になってしまいました。

最後、私がこの会社を辞めるときには、たくさんの人からプレゼントや花をいただき、円満に退職しました。

「悪循環」がすっかり返ってきて、終わったから、現実が変わったのです。

課題のある職場こそ「悪循環」を終わらせるチャンス

「悪循環」を受け取り終わるまで、現実は変わりません。つき合う人を替えても、職場を替えても、「したことはされる」。返ってくる「悪循環」は、受け取り終わるまで終わらないものです。

だから課題がある職場こそ、「悪循環」を終わらせる絶好のチャンスと思って、「そこで、状況が好転するまでがんばれ！」と思います。

あなたがその職場を選んだのは、いつかの自分がした「悪循環」が返ってくるためにもっともふさわしい職場をみずから選んで、そこに行ったということですから。

私も、その会社に就職したときは、こんなことになるとは思っていなかったけれど、心はわかっていました。「悪循環」を終わらせることができる職場だということを。

私がその会社を引き寄せ、関わりました。そして大いに傷つき、言い返したい感情に揺れましたが、相手には返さず、新しい「悪循環」をつくらなかったので、今までの「悪循環」がすっかり返ってきたところで終わりました。終わったから現実が変化して、円満に退職することになったのです。

「悪循環」を卒業すると、レベルアップする

職場で「悪循環」が終わったという証拠は、「惜しまれつつ円満に辞めることになる」です。その職場にある「悪循環」と同じ「悪循環」が、あなたの中からなくなってしまったら、もうその職場やそこにいる人々と関わることができなくなります。それで、何らかの理由でその場から出ることになるのです。だから職場に課題があったなら、決して相手と同じことはしないで、返ってくるものは受け取り、与えるものは優しさだけにして、わいてくる感情を一人で「感情解放」しつつがんばってください。

返ってくるものを受け取って「悪循環」が終わったら、状況は一変します。そして、働きやすくなったと同時に、その会社を辞めることになるのです。おもしろいものです。

一段レベルアップしたあなたを待っているのは、一つ「悪循環」を卒業したあなたにふさわしい、レベルアップした環境です。

仕事をていねいに扱えば、あなたもていねいに扱われる

「悪循環」も「愛循環」も、いつどこから返ってくるかわからない

どんなことも、「したことがされる」「与えたものが返ってくる」のが『循環の法則』です。この法則を知らないと、されたことを仕返ししたりして、さらに新しい「悪循環」をつくり続けてしまいます。そのため、同じ「悪循環」がいつまでも終わらずに、次回の人生に持ち越されてしまうことがよくあります。

たとえば、「怒られる」↓「怒り返す」。ここで、「また怒られる」という「悪循環」が生まれます。この悪循環を終わらせるコツは、「怒られる」↓「返したい怒りを一人で感情解放」↓「優しさを返す」です。やり返さずにいれば、「怒る、怒られる」という「悪循環」を受け取り終わったところで終わります。

これは、人にしたことが人からされる、というわかりやすい例ですが、人で

はない物事や生き物にしたことが、人から返ってくることもあります。たとえばいい加減に仕事をしていると、いい加減に扱われることになります。「悪循環」は、いつどこから返ってくるかわかりません。だからいい加減に仕事をしていたら、彼氏からいい加減に扱われる、ということで返ってきたりします。

あなたが尊重したように、あなたも尊重される

無意識にした相手を尊重しないいい加減な行いが、いつどこからあなたに返ってくるかはわかりませんが、「したこと」は確実に、肉体を替えてもきっちり返ってくるというのが、『循環の法則』です。大切にされない、尊重されないと、悲しく傷つくものです。だから仕事でもなんでも、どんな小さなことでも、たとえ小さい出会いだとしても、相手を尊重するようにしましょう。

相手がモノだろうと仕事だろうと人だろうと、大人だろうと子どもだろうと、知り合いだろうと知らない人だろうと関係なく、すべてを大切にし、尊重した行動を心がけましょう。あなたが尊重した分だけ、あなたは尊重されます。

上質な仕事をすると、めぐりがよくなる

自分の仕事に値段をつけると、仕事の質が上がる

たとえばあなたは会社員で、コピーとりを頼まれたとします。あなたなら、自分がとったそのコピーにいくら払いますか？

自分がとったコピー1枚はいくらだろうかと考える人は、まずいないでしょう。でもこのように「自分の仕事にいくら払うか？」という視点をもつと、自然と仕事の質が上がり、よっていつか評価されるようになります。

若い頃の私は、「もらっている給料以上の仕事はしないぞ」と思っていました。でもある日、考えが変わりました。

ある会社にいたときに、先輩がお茶のいれ方を教えてくれました。社長が飲む毎日のお茶や、お客さんがいらしたときに出すお茶です。先輩は竹の茶こしを使って茶葉を蒸らし、湯飲みを温め、高い位置から注ぐことでお湯に空気を

含ませて湯温をぬるめに調節し、それからお茶をいれていました。確かに、急須にじかにお湯を入れていれたお茶とはまったく味が違いました。

私はこのお茶をいれる先輩の姿勢に大変衝撃を覚えました。「お茶一杯に、こんなに時間をかけている人がいる！」。今まで「仕事」だと思っていなかったお茶くみという作業を、新たに「仕事」として認識させていただきました。

そこから、私の視点が変わりました。それから、自分のいれたお茶に値段をつけてみる、というゲームを始めました。

自分ならこのお茶にいくら払うか、と自分の仕事に値段をつけながら、毎日お茶をいれていました。そして最終的に私の中で、「６００円払ってでも飲みたい」というクオリティになりました。

上質な仕事は必ず人の目にとまる

楽しくなった私は、自分がしているすべての仕事に値段をつけてみました。これは、一種のゲームでした。コピー１枚でも、「自分なら、この自分の仕事にいくら払うか?」と値段をつけながら仕事をしてみました。自分の仕事を、商品として見るようにしたのです。

商品だと思うと、これまでいい加減に合わせていた書類の角もきっちり合わせ、きれいに並べて見やすいようにファイリングもするようになります。書類を受け取る上司は、私の仕事＝商品を買ってくれるクライアントというわけです。それで、クライアントが喜ぶ書類のファイリング、表紙や見出しを工夫したりしました。

そのうちかなり仕事のクオリティが上がったようで、日頃の仕事ぶりを認められ、新しいプロジェクトの一員に抜擢されることになりました。

上質な仕事は必ず人の目にとまります。なぜなら、ほとんどの人が「給料以上に働きたくない」と思って、クオリティの低い仕事をしているからです。

こうして信頼を得ると、その後どんどん仕事が入ってくるようになります。自分が仕事を頼むなら、ていねいで期待以上の仕事をしてくれる人に頼みたいと思いませんか?

だから、今のあなたの仕事がなんであれ、値段をつけてみてください。主婦なら、家事や料理に値段をつけてみてください。意識が変わります。あなたの仕事を、「売れる」商品に変える練習になります。

「できない」は、できる限り言わない

仕事のときの話し方で私が大切にしていることは、第一に、「できない」と言わないことです。できるかできないかを、一度検討する余裕が大切です。

たとえばあなたがカフェでアルバイトをしていて、お客さんから「コーヒーのミルクは生クリームではなくて、牛乳を温めたものをつけてもらえますか?」と聞かれたとします。その場で「できません」と言われたら、きっとそのお客さんは来なくなるでしょう。

一旦「かしこまりました」と引き受けて、できたらやる（温かい牛乳を提供する）。できなかったら、「ごめんなさい」。さらにカップを温めて提供するくらいの気持ちがあったら、きっとそのお客さんはそこまでしてもらったことがうれしくて、あなたのカフェにまた来るでしょう。

みましょう。

「できない」はできるだけ言わないようにし、まずできる限りの努力をして

時には「できない」と断る勇気も必要

仕事上での話し方で大事に思う二つ目は、「できない」と言うことです。できないことをできると言って引き受けて、いい加減な仕事をしたら信用を失います。だからよく相手の話を聞いて検討して、どうしてもできないことは、率直に「できません」と伝えることです。

競争の激しい業界などでは仕事の奪い合いですから、多少自信がなくても「できます！」と言って受注してしまって、結局できずに信用を失うようなことがあります。仕事とは、お互いの信用の上に成り立っているので、信用を失うことは仕事を失うことと同じです。

信用を失わないためにも相手に損害を与えたり、相手の求めに応えられないときは、「できない」と断る勇気も必要です。

この「できない」の使い分けが、仕事がめぐるキーになると思います。「できない」は、一見うしろ向きな言葉のようにも思えますが、実は誠実さが伝わるキーワードなのです。

どこまで相手の役に立とうと挑戦をし、「できない」と言わないか。どこまで相手の期待に応えようと誠実になり、実力以上の安請け合いをしないで、「できない」と言えるか。その心は、「誠意」をもって話したり、行動したりできるかということではないでしょうか。

それにより誠意ある仕事が循環し、あなたに新しい仕事の循環＝めぐりをもたらします。

あなたを確実に幸せにする『仕事』のまとめ

★職場も同僚もあなたにそっくりである。

★「悪循環」に刺激されて「負の感情」がわいてきたら
「感情解放」しよう。

★課題がある職場は、「悪循環」を終わらせる絶好のチャンス。

★「悪循環」が終わると現実が変わり、
レベルアップした環境に移る。

★いい加減に仕事をしていると、人にいい加減に扱われる。

★上質な仕事をすると人の目にとまる。

第四章

ここちよい人間関係は思いやりでつくられる

優しくすれば、優しくされる

人は互いに小さく傷つけ合っている

ちょっとした不満を、人にぶつけてしまうことはよくあります。コンビニの店員の態度が気に入らない、というようなささいなことでイライラしたとき、「早くしてください！」と、まさにイライラの思いを乗せてわざと言ってみたり……。そんな経験はありませんか？

あなたが行動に乗せたどんな「感情」も、あなたに返ってきます。たとえあなたがイライラするだけの何らかの正当な理由があろうとも、イライラをぶつけたら、イライラが返ってきます。そんな小さいイライラが、いつか誰かから返ってきて、嫌な思いをするのはあなたです。

誰も人を傷つけようなどとは思っていないでしょうが、小さなイライラを誰かにぶつけていることはよくあると思うのです。そしてそれが別の人から返ってきたとき、あなたはなぜそんなイライラをぶつけられるのか理解できなくて、ちょっと傷つくと思います。

　そうやって、人はお互いに小さく傷つけ合っている気がします。

イライラをぶつけるのをやめる

日常でイライラをぶつけるような小さな意地悪でも、重なれば深く傷つきます。ではどうしたらその「悪循環」をやめられるのか？　あなたが、しないことです。

　電車で、コンビニで、道で、エレベーターで、人から優しくされなかったり、小さい意地悪をされるような人は、同じような小さい意地悪をしていたり、イライラをぶつけたりしていないか、自分をチェックしてみてください。もし心当たりがあれば、それをやめましょう。

　小さな変化は、大きな変化を生みます。小出しにしている小さな意地悪をやめて、イライラしている人に出会ったら、それはあなたのいつか出したイライラを返してくれている人ですから、感謝して優しさを返しましょう。「悪循環」は、どんな小さいものでも、返ってきたときに受け取って、終わりにしましょう。

コツコツ重ねた親切は絶対に返ってくる

誰も親切にしてくれなくても、親切をコツコツ返していたら、「悪循環」が終わったときに、一気に変化が起こります。今まであなたがコツコツ重ねていた親切が、道で、デパートで、エスカレーターで、映画館で、誰かれとなく返ってくるようになります。これは私も、私から『循環の法則』を教わって親切をコツコツ重ねた人も、皆同じ体験をしています。

「優しい人にしか出会わない！」。これは本当です。あなたがやり返さず、悔しさや悲しさも一人で「感情解放」して、親切や優しさをコツコツ返していたら、それはいつか必ずあなたに返ってきて、あなたには優しさがたくさん返ってくるようになります。

「優しい人にしか出会わない！」という「愛の引き寄せスパイラル」を体験

したら、「関わるヒトが全員優しい」という「愛循環の世界」を体験したら、きっとあなたは世界を、『循環の法則』を、人の優しさを、信じることができるようになるでしょう。

信じなければ、信じられません。だから信じて、親切をコツコツ重ねてみてください。そして、あなたの世界が変わる瞬間を体験してみてください。

「したことがされる」のですから、コツコツ重ねた親切も絶対に返ってきます。

あなたの優しさは必ず報われます。

あなたが変わると、現実も変わる

優しさが返ってくると、心が幸せでいっぱいに

あなたがコツコツ積み重ねた親切があなたに返ってくる「愛循環」が始まると、身近な人から駅ですれ違うような人まで、誰もがあなたに優しくなります。

あなたの言動や行動、そして感情（エネルギー）が変われば、あなたの視界にある景色が変わり、あなたがされることが変わります。

あなたの優しさは、たくさんの人からの優しさや親切という形で、あなたに返ってきます。そうすると、きっとあなたはうれしくて、満ちたりて、幸せな気持ちになるでしょう。

新しいあなたと同じヒト、モノ、コトを引き寄せる

あなたから発信されている感情と同じエネルギーの「ヒト、モノ、コト」が引き寄せられてきます。

だから、あなたが幸せだと感じていると、幸せエネルギーをもったヒトに出会ったり、幸せエネルギーに満ちたモノをいただいたり、幸せを感じるようなコト（出来事）がどんどん引き寄せられ、次から次へと起こってくるのです。あなたは、ますますうれしくなって、幸せを感じるでしょう。そうやって感じれば感じるほど、あなたは幸せエネルギーを発信し、もっともっと引き寄せます。

この「愛の引き寄せスパイラル」に入ったら、あなたは優しさしか引き寄せず、優しさしか見なくなります。

まるで世界が変わったかのようですが、変わったのは世界ではなくて、あなた自身なのです。

人間関係を幸せにする「愛循環」

相手が欲しい優しさはなんだろう？

あなたを苦しめる人がいた場合、その人との関係をよくするためにはどうしたらいいのでしょう？

「今私にされていること、私に返ってきているこの思いは、いつかの私がしたこと、与えた思いなんだな。今私にこれを与えているこの人も、いつかこれをされるし、この思いを受け取ることになるのだろう。だとしたら、今私の目の前にいるこの人は、私を苦しめるこの人は、いつかの私だ。今まさに『悪循環』をつくっているこの人に、せめて今だけは優しくしよう。この人にできることはないだろうか？　この人が欲しい優しさはなんだろうか？」

そんなふうに思って、相手に何をしたらいいのか、何を言えばいいのか、思いをはせて行動してみてください。このような思いやりがあると、どんなに胸の痛むような言葉や行動があなたに返ってきたときでも、もちろん胸は痛いですが、傷つくことなく、優しいあなたからぶれずにいられます。

いつも思いやりを心がけよう

人間関係とはつまり、あなたとあなたの関係のことです。あなたはこの世に肉体をもっている間は、常に、いつかの生のあなたに出会うだけ。いつかのあなたがしたことを返してくれる役をしている人に出会うのです。

だから「いつか」ではなく「今すぐ」に、「悪循環」を繰り返すあなたを終わりにしてください。優しくする努力、いつも相手を尊重し、思いやる「愛循環」の努力を今から始めてください。その努力はきっと報われます。あなたを思いやってくれる人に出会えるようになります。それが、『循環の法則』です。

人間関係をよくするのは、常に相手の立場に立って、相手を尊重する「愛循環」の思いやりです。お互いがお互いを尊重していたら、人間関係はもっと温かいものになるでしょう。

あなたを確実に幸せにする『人間関係』のまとめ

★小さいイライラも人にぶつけるのはやめよう。

★親切をコツコツ重ねていくと、優しい人にしか出会わなくなる。

★優しくされて幸せで満たされると、
あなたから発信される幸せな感情と、同じエネルギーの
「ヒト、モノ、コト」が引き寄せられる。

★あなたを苦しめる人にも、優しくしよう。

第五章

お金は、感謝して与え、
活かす人に集まる

与えたものが、与えられる

お金をあげたらお金が返ってくる

『循環の法則』で考えると、お金を受け取るためには何をしたらいいか、わかりますか？

「与えたものが返ってくる」。それが『循環の法則』です。そうすると、「お金をあげたらお金が返ってくる」、ということになります。

私のお金の講座でもよくこの話をするのですが、参加者からも、実際、「お金をあげるようになったら、お金をもらうようになりました」という声をたくさん聞きます。誕生日プレゼントにお金を贈り合っていたくらいです。

誕生日プレゼントにお金をあげることに対して、あなたはどのように感じますか？

「プレゼントにお金なんて、夢がない」、「お金をもらったら困る」、「お金を贈るなんて失礼」などの否定的な考えや抵抗感を感じますか？　それゆえにお金をあげることを躊躇《ちゅうちょ》していたとしたら、「与えたものが返ってくる」循環は生まれませんね。では誕生日プレゼントに商品券はいかがでしょう？　商品券だとあげやすいですか？　誕生日プレゼントとしてお金と商品券をあげることに対する感じ方の違いについて、考えてみましょう。

お金こそ、全国共通、便利な商品券です。お金なら、相手が欲しいものを好きなときに交換することができます。モノですと、相手の好みに合わなかったり、必要のないものだったりすることがありますが、お金であれば、必要でない人はいないでしょう。そして本当に、欲しいものを手に入れることができます。また、薄くて軽くてかさばらない。どうでしょう？　お金というのはとても便利で素敵だと思いませんか？

『循環の法則』は、「与えたものが返ってくる」です。返ってきてほしいものを与える練習をしてみてください。

豊かさをもたらす縁や仕事、アイディアをあげる

それからもう一つ。目に見えないお金（として換算される価値あるもの）を、相手にあげてみてください。それは、いただいている金額以上の価値ある内容だったり、相手に豊かさをもたらす仕事やご縁，アイディアなどです。

私はよく「縁」をつなげます。お互いに豊かさをもたらすような組み合わせだと感じたら、その人たちを引き合わせて紹介します。そこから実際の仕事に発展し、その二人は相互に金銭的な利益を得ました。

こういうご縁は、豊かさの縁で、この「縁結び」はいつかどこかであなたに返ってきて、あなたにも豊かさの新しい縁が結ばれます。

また私はよく、相手が豊かになる仕事をあげることがあります。お金そのものをあげるよりも仕事をあげたほうが、その人はほかでもそのスキルを活かしてさらにお金を得ることができるので、金額以上に目に見えないお金を含んでいるといえます。

相手が豊かになるアイディアもあげます。そのアイディアのお陰で、会社を立ち上げて成功している人もいます。

このように、そのときはお金としては見えないけれども、豊かさをもたらす縁、仕事やアイディアをあげることも、必ず返ってきてあなたを豊かにします。

今与えられているものに、心から感謝を

「おかげさま」に思いをはせる

日本語には「おかげさま」という素晴らしい表現があります。私はこの言葉が大好きです。

今私が手にしている野菜を育む大地がある。雨が降ってくれる。作ってくれている人がいる。運んでくれている人がいる。洗ってパッケージして並べてくれている人がいる。販売してくれる人がいる。私は店頭に並んだそれらを見て、選んで、会計をすれば手に入れることができます。なんとありがたいことでしょう。

自然や誰かの「おかげさま」があってはじめて、私は野菜をいただくことができます。「おかげさま」は、野菜が生まれるところから店頭に並ぶまで、ずっとあるのです。今あなたがいるその家、会社が入っているビル、通勤の電車、高速道路、車、すべて見えないところで誰かが働いてくれた「おかげさま」で

できています。それがあるから、私たちは今与えられているものを手にすることができるのです。

私たちは、目に見える最後の部分だけを見てしまいがちですが、すべての物事が目の前に現れるまでの「おかげさま」に思いをはせると、果てしなくありがたい気持ちになります。

外国からやってくるものもあります。一体どんな人たちの手を通って、やってきたのでしょう。そう考えると、どんなものにも愛おしさを感じるのは私だけではないはずです。

日本のあたりまえは、世界のあたりまえ、ではない

私たち日本人は豊か過ぎるので、多くの物事があたりまえになってしまっています。

30歳のとき、インドに3か月間バックパックで旅をしたのですが、最後の長距離列車で同室になった大学教授の女性が、私のインド滞在最後の2日間を、

妹さん夫妻の自宅に招待してくれました。

夫婦そろって大学教授のその家庭は、いわゆるインドのセレブリティ。高層マンションの広い家で、「お湯が出るバスタブがあるのよ。日本人のあなたでもゆっくりできるでしょう」とおっしゃいました。

インドでお湯が出るバスタブのある家は、人口の数パーセントの選ばれた人たちしか手に入れられないといいます。でも、私たち日本人にとってはあたりまえです。世界を見たら、お湯が出るということ自体があたりまえではないのです。

私は海外で、何度も日本にあるあたりまえがあたりまえでない体験をしました。

一生働いても海外に行けない人もいる

それより前、21歳でインドに行ったときは、友人の両親の旅行に便乗させてもらい、大富豪のお宅でホームステイしました。その間、ホストのはからいで、高級イタリアンレストランで勉強のためにアルバイトをしました。

そこで働いている若者たちは全員大卒です。でも、給料は当時の日本円にして3000円程度でした。

彼らは私のことをお金持ちだと言うので、日本での生活が苦しいことを説明したのですが、そのときに一人の青年が言った言葉が胸に刺さりました。

「でもノリエは、アルバイトをすればこうして海外に来ることができるでしょう？　僕たちはノリエと同じ学歴で毎日一生懸命働いているけど、日本に行くエアチケットは一生かかっても買えないよ。だから僕たちは一生かかっても海外には行けないんだ。会いに来てくれてありがとう。僕たちはココにいながら日本を知ることができたよ」

衝撃でした。月3000円の給料の彼らが生活しながら貯金して、日本へのエアチケット（格安でも15万円程度）をいつになったら手に入れられるのでしょう？

私の中で、子どもの頃の絶望がよみがえりました。「月300円のおこづかいで、一体どれだけ我慢して貯金したら、みんなのように遊園地に行けるのだろう？」と途方にくれてあきらめた気持ちです。

小学生のとき、子どもたちだけで遊園地に行くことがあったのですが、私はおこづかいがたりなくて行けませんでした。月300円のおこづかいを10か月ためれば3000円になり、入場料を払えます。でも、交通費や食事代などを合わせると、7000円はかかります。たった一日の遊園地行きですが、当時の私にとっては約2年おこづかいをためなければ参加できないイベントでした。

彼らも同じ。何十年もかけてお金をためなければ、日本へのエアチケットなど到底手に入らないのです。

日本人のあたりまえは、インドの大富豪と同じだった

私とアルバイトの彼らは同じ境遇でした。でも私は日本で、インドの大富豪と同じ生活をしているのです。アルバイトの彼らは、お湯の出ないアパートに暮らしています。生活は質素そのものです。かたや私はお湯が出るマンションで、一日2回もお湯をためてお風呂に入っている。

私はここで、カルチャーショックを受けたわけです。「インドの大富豪と同じ生活を、日本人はあたりまえのように享受している！」と。

普通にお湯が出たり、柔らかいベッドで寝たりすること、テレビも電話もあ

ること、アルバイトすれば海外旅行に行けること、留学ができること、タクシーに乗れること、ホテルに泊まること……。

言ってみれば「お金があればできること」のほとんどが、インドではわずかな人しかできないのだという事実。これを知ったことは、私にとってショックな出来事でした。

私は豊かだ

私はそれまで、自分は貧乏だと思っていました。でも、地球規模で見ると、私があたりまえに享受している生活は、インドの大富豪と同じなのだと知りました。

そのとき、私の中で、何かが不整合を起こしてしまいました。私は貧しいのか？　豊かなのか？

それまでの私は、自分は恵まれておらず、貧しくて不幸だと思って生きていました。そして、それらの不幸を正当な理由として「だからできないの」と言い訳をしていました。

この今までの一切の言い訳が、あまりにもバカバカしい独りよがりの「不幸病」だと気づきました。だとすると、私はもっとできることがある。言い訳している暇はない。でも言い訳したい、もうできない。心が揺らぎました。

そうやって、心揺らぐままに帰国となりました。そして成田に着いて空からの日本の景色を見て、あまりの美しさに号泣してしまいました。

私はよくわかりました。私は恵まれていました、私はあまりにも幸せでした。私は自由でした。私には、すでにたくさん与えられていました。

私はあのときにはっきりと、「私は豊かだ」と心から本当にそうだと感じました。そして、心から本当に「私は豊かだ」と感じたので、引き寄せる「ヒト、モノ、コト」が変化を起こし、新しく引き寄せたすべてが、それ以後私を豊かに変えていきました。

恵みに感謝し、与える「愛循環」を創る

あなたがいかに恵まれているか、生まれながらにして与えられているのかを、

深く感じてみてください。あなたは、すでにかなりのレベルで豊かなはずです。世界を見て、あなたがいかに豊かであるかを心から感じてみてください。あなたが「豊かだ」と実感すればするほど、さらなる豊かさを引き寄せます。『引力の法則』です。

そして、あなたが今すでに手にしている豊かさに感謝して、あるものを与えれば与えるほど、あなたに与えられます。『循環の法則』です。

自分がすでに恵まれていることに気づき、深い部分での感謝が起こると、あなたの意識が「欲しい」から「与える」に変容するでしょう。この変容が、とても大切です。そこに「与える」行動が伴うと、与えたものが返ってくる「愛循環」が始まります。

身近な「おかげさま」に気づくこと、既に与えられている恵みを実感すること、そして大変ありがたいたくさんの「あたりまえ」に気づいて感謝すること。そして、与える「愛循環」にシフトすることです。

あなたの意識が「私は豊かだ」と実感して、「欲しい」から「与える」に行いがシフトすれば、あなたは物心両方の豊かさのスパイラルに入っていきます。

幸せなお金循環をつくる

与えるときは豊かに

幸せなお金循環をつくるために必要な心は、第一に「感謝」です。「おかげさま」に気づいて感謝すること。ありがたい「あたりまえ」に気づいて感謝してください。

第二に「ケチらない」です。損得勘定なく、相手に必要だと思ったら与えるということをしてみてください。

そして、与えるときは豊かに与えてください。与えることがもったいないとか、怖く感じたりしたら、「これはいつか返ってくる」ことを忘れないでください。

あなたが誰かにしている親切や優しさは、必ずあなたに返ってきます。「悪循環」もそうですが、あなたが与える「愛循環」も必ずいつかどこかから返ってきます。あなたは知らない誰かに与えているのではなく、あなた自身に与えているのです。

損得勘定なく与える

高額で購入したものを人に譲る場合は、金銭を介したほうがお互いに気が楽なこともあるでしょう。そういうときは、「相手が手に入れられる金額」で譲ってください。

自分が譲りたい金額ではなく、「相手が手に入れられる金額」というところがポイントです。ここで「高かったから、安くは売れない」などとケチな感情を起こすようなら、『循環の法則』を思い出してください。

自分の損得よりも、相手にとって必要なことを与えるのがポイントなのです。あなたが誰かの必要なときに与えたように、いずれあなたも必要なときに与えられるようになります。

ぜひ、誰かの幸せや成長のために、損得勘定なく与えることを試してみてください。

お金を得る方法より、活きるお金の使い方を

幸せなお金循環をつくるために必要な心の最後は、「活かす」です。「感謝して、ケチらない」ようになると、今手元にあるお金をいかに上手に「使うか」ということに意識が向くようになります。

お金を手に入れることよりも、使うことに意識をシフトするのです。しかもそのお金が「活きるように使うには、どうしたらいいか？」と考えるのです。

お金は、活かしてくれる人のところ、幸せにお金を活用してくれる人のところに集まります。もしあなたがお金だったら、自分のためだけに散財する人よりも、幸せを生むことや誰かを応援することに使ってくれる人に使われたいと思いませんか？

お金の気持ちになってお金を使うようになると、お金が集まってきます。「活

かすために使う」。これはとても大切です。

「感謝する」

「ケチらない」

「活かす」

豊かで幸せな人があたりまえにしていることをあたりまえにすれば、あなたもあたりまえに豊かで幸せになります。ただそれだけです。

あなたを確実に幸せにする『お金』のまとめ

★お金をあげたらお金が返ってくる。
ぜひ、お金をプレゼントしよう。

★相手を豊かにする仕事やアイデアをあげよう。

★自分が恵まれていることに気づき、
今与えられているものに感謝する。

★相手に必要だと思ったら、ケチらずに与える。

★お金は、活かしてくれる人のところ、
幸せにお金を活用してくれる人のところに集まる。

おわりに

最後まで読んでくださって、ありがとうございます。

『循環の法則』は、どのように思われましたか？　前にも書きましたが、私が30歳のときにこの法則に気づいたときは、正直とってもガックリきました。

それまで私は、「自分はいい人だけど、不運なのだ」と思い込んでいました。でも、全部自分がしたことが返ってきていただけだったと知って、「私って、自分が思っていたより、いい人じゃないじゃん！」とガックリきて、そして笑ってしまいました。

切り替えが早いのが、私のよいところ。どうすればうまくいくかがわかったのなら、すぐに実行します。

そうやって私は、淡々といつかの私がつくったであろう「悪循環」を受け取っては、悲しかったり苦しかったり怒りがわいたりすると、「感情解放」して一人で吐き出し、「悪循環」を返してくれた相手には心から感謝し、優しさを返して「愛循環」を創ることを続けてきました。

ただひたすら、「悪循環」が返ってくる→悲しさや悔しさ、やり返したい思いを「感情解放」→解放するとスッキリして相手に感謝がわいてくる→感謝の思いで優しさを返す＝「愛循環」を創る。これだけを、9年間続けてきました。

言葉で言うよりも、実行するのは難しいときもあります。いちばん難しかったのは、嫌われたり、中傷されたり、嘘をつかれたりするような「悪循環」が返ってくることでした。頭では「したことが返って来たんだ」と理解していても、心は傷つき、やり返したくなったり、相手にわかってもらいたくなったりします。そんなとき、一人でその感情を解放する作業は、時にムダに思え、時にむなしくなり、時に相手にぶつけたくなるものでした。

でもそのときにぶつけてしまったら、「悪循環」がもう一周始まるだけ。だから、グッとこらえていました。こらえるといっても、飲み込むことではありません。苦しいけれど、その感情を感じて、きちんと解放するのです。

「悪循環」を受け取り始めると、見たくない悲しみ、知りたくない偽善、しまっていた怒りや悔しさ、悲しみなど、さまざまな古い感情が次から次へとあふれてきます。その苦しさにやめたくもなりますが、ココががんばりどころです。そのうち感情が解放されると、自分の感じ方、受け取り方が変わり始めます。


『循環の法則』は、「悪循環」だけが返ってくる法則ではありません。「愛循環」の、あなたが与えてきた優しさ、思いやり、愛それらすべてでも必ず返ってきます。だから見返りなど期待しなくても、「絶対に返ってくるから」安心して、親切をしてください。優しくしてください。愛してください。与えてください。そのとき、「ありがとう」と言ってもらえなくても気にしないでください（ただ、その寂しさや残念な感情は解放しましょう）。

あなたが与えた優しさ、愛、思いやりは、必ずあなたに返ってきます。だから、あなたが誰かに愛を与えたときは、「ありがとう」と言ってみてください。あなたに愛させてくれた人、親切をさせてくれた人に感謝しましょう。

特にあなたの「悪循環」を返してくれた人、返してくれた物事には、深く感謝しましょう。それらが、あなたの心の奥にある「悪循環」を生む感情をお掃除してくれたのです。

「悪循環」を受け取る（嫌なことが返ってきても受け取る）。
負の感情は、やり返さずに一人で「感情解放」する（新しい「悪循環」をつくらないため）。
「愛循環」を与える（親切にする、思いやりを返す、愛する、優しくする）。

淡々と、この繰り返しです。これだけで、あなたの人生は大きく方向転換します。「悪循環」という借金が減り、「愛循環」という貯金が増えるにつれ、あなたにはもう幸せなことしか起こらなくなります。

たまにがまんできずに相手にぶつけてしまっても、また次からがんばりましょう！ 気持ちを楽にして、コツコツ続けてみてくださいね。がんばり過ぎは禁物ですよ。

あなたを幸せにする人は、あなただけです。あなた自身に幸せの「愛循環」を与えてください。

あなたは、必ず幸せを手に入れることができます。大丈夫！　応援しています。

二〇一三年四月

ａｉ　島本了愛

島本了愛（しまもとのりえ）
1974年、東京都生まれ。作家。株式会社エンジョイ代表取締役。通称「ai」。日本語教師、ヨーガ講師、マクロビオティックシェフなど、多才な経歴をもつ。10歳のときに、「誰もが好きなことをして、仲よく幸せに生きられる方法を見つける」と決意。独学で幸せが連鎖する方法を探求、実践。20年後「循環の法則」を発見、「引力（引き寄せ）の法則」と合わせて体系化する。以来、この2つの法則を活用して幸せになる実践的な方法を、著書やワークショップ、講演会などを通して伝授している。講演会やイベントには、全国からファンが訪れ、学生から主婦、夫婦、男性まで、幅広い層に人気を博している。著書に『ココロを開くアイコトバ LOVE YES PEACE』『あなたのハートの磨き方』（ともに春秋社）、『本気で愛されて、結婚する24の魔法』（学研パブリッシング）がある。

オフィシャルブログ
http://i-kotoba.jp/ai/
アメーバ公式ブログ
http://ameblo.jp/tasomaru/
Facebook
http://www.facebook.com/norie.shimamoto
株式会社エンジョイHP
http://www.enjoy-corp.jp/

幸運を引き寄せて離さない
「循環の法則」と「引力の法則」

発行日　2013年6月11日

著者　島本了愛
発行人　山崎浩一
編集　堀江由美
発行所　株式会社パルコ
　エンタテインメント事業部
　東京都渋谷区宇田川町 15-1
　03-3477-5755
　http://www.parco-publishing.jp
印刷・製本　大日本印刷株式会社

ISBN978-4-86506-014-0 C0095